**Gebrauchsanweisung
für Südafrika**

Elke Naters
Sven Lager

Gebrauchsanweisung
für Südafrika

Piper München Zürich

Mehr über unsere Autoren und Bücher:
www.piper.de

MIX
Papier aus verantwor-
tungsvollen Quellen
FSC® C083411

ISBN 978-3-492-27580-4
3. Auflage 2011
© Piper Verlag GmbH, München 2010
Karte: cartomedia, Karlsruhe
Satz: le-tex publishing services GmbH, Leipzig
Druck und Bindung: CPI – Clausen & Bosse, Leck
Printed in Germany

Nkosi Sikele!e Africa!

Inhalt

Ankommen

Der Himmel weit, die Hoffnung groß und das Leben eine Herausforderung. Das ist Südafrika. Ein Land, das weniger durch seine Grenzen bestimmt wird als durch seinen Traum, besser gesagt, seine Träume. Sie widersprechen und sie ergänzen sich, sie regen auf, und sie machen die kreative Kraft aus, den Lebenshunger, der uns Europäer oft überrascht.

In Südafrika zu landen dagegen bietet erst einmal keine Überraschungen. Oder doch? Keine Giraffen am Flughafen, kein Handgemenge und Gebrüll am Taxistand und auch keine Mamas, die mit schrillen Stimmen ein Willkommen ululelen. Weit aufregender ist es, wenn man aus Mosambik durch alte Minenfelder ins subtropische Natal fährt oder zu Fuß den Krüger-Nationalpark von Simbabwe aus zwischen Löwen und Elefanten durchquert. Was wir niemandem empfehlen.

Das Einzige, was einem am Flughafen von Johannesburg oder Kapstadt auffällt, sind die vielen verschiedenen Gesichter eines modernen Landes, so unterschiedlich wie die Lebensgeschichten und Hoffnungen, die sich dahinter verbergen.

Das blonde Mädchen mit den Sommersprossen, das im Zeitungsladen Magazine durchblättert, arbeitet als Lehrerin in einer Township-Schule und träumt von einer Zukunft für die Aids-Waisen in ihrer Klasse. Der dicke Taxifahrer mit dem Cappuccino-Becher und dem T-Shirt mit dem Aufdruck »Bafana Bafana« (»Unsere Jungs«; Spitzname der südafrikanischen Nationalmannschaft) ersehnt sich den Fußballweltmeistertitel und eine moderne Zulu-Stammesgesellschaft mit vielen Ehefrauen. Die ältere Dame in ihrem Souvenirshop hat die Vision von einer sozialistischen Solidarität der Arbeiterinnen und Desmond Tutu als nächstem Präsidenten des Landes. Und der deutschstämmige Pensionsbesitzer, der auf seine Gäste wartet, spart auf ein *Game Reserve,* einen privaten Wildpark in der Kalahari, in dem die Buschmänner wieder jagen können wie vor 10 000 Jahren. Ähnlich wie der müde Flugkapitän, der eben den Terminal verlässt und sich nach einer Woche London auf die Gottesnähe auf seiner Schaffarm in der Halbwüste Karoo freut. Der kapmalaiische DJ hingegen, der auf seinem Plattenkoffer schläft, ist weniger glücklich. Das muslimische Mädchen, von dem er träumt, darf er wahrscheinlich niemals heiraten, weil er nicht an Allah glaubt.

Das Nebeneinander so vieler Welten kann verwirrend sein. Einer unserer ersten Nachbarn, ein Elektriker, hörte am Wochenende laut Pink Floyd, trank billigen Brandy mit Cola und erklärte uns, wie wichtig es sei, die *fokin aliens* aus der Landschaft zu verbannen. Wir dachten erst, er meinte Ausländer wie uns, aber er sprach von nicht einheimischen Pflanzen – und schnippte seine Kippen in unseren Garten.

Das ältere Ehepaar gegenüber empfahl eine christliche Schule für unsere Kinder, in der sie noch den Hintern versohlt bekommen, und die Frau des Wäschereibesitzers nebenan brachte zur Begrüßung selbst gebackene Ingwerkekse, lehnte aber erschrocken ab, als Sven sie auf einen Tee einlud. Es dauerte eine Weile, bis klar wurde, dass ein verheirateter Mann allein zu Hause keine Frau einladen darf. Porceline, die massige Xhosa, die zum Putzen kam, störte das nicht, weil eigentlich jeder Mann eine wuchtige afrikanische Mama respektiert. Sie achtete eher darauf, dass wir ihr jedes Mal Eier und Speck servierten und die Cola mit Eiswürfel einschenkten. Denn: Wenn schon unterbezahlt, dann mit Stil.

Die Inder vom Schlüsseldienst zwei Häuser weiter lernten wir nie kennen. Die flogen bei jeder Gelegenheit zu Verwandten nach Durban. Die kleine kecke Engländerin um die 70 dagegen lud sich gern selber ein und quatschte uns die Ohren voll mit Geschichten von ihrem Leben in den ehemaligen Kolonien, ihren Weltreisen, ihren Jahren im Köln der Nachkriegszeit und wie sie täglich Hunde im Township füttere.

All diese Menschen sind eine Metapher für das Land am südlichen Ende Afrikas, in dem beinahe jeder ein Einwanderer ist, mit einem neuen oder einem alten Traum.

Was Südafrika als Schmelztiegel vieler Kulturen von Amerika unterscheidet, ist das Nebeneinander. Amerika hat seine Einwanderer über Jahrhunderte, wenn auch mit Mühe, unter dem Glücksversprechen und dem Ideal des Vorortwohlstands vereint. Ähnliches passiert zwar auch in Südafrika, weil der Weg aus der Armut scheinbar nur über den Bankkredit, die Lohnarbeit und die Doppelgarage führt. Alle wollen Strom, ein großes Auto und einen

Rasensprinkler, weil es den Unterprivilegierten als westliche Lösung vorgelebt wird. Aber die Identitäten sind zu stark, um sich unter solch banalem Ideal vereinen zu lassen. Der Anlageberater aus Pretoria fährt über die Weihnachtsferien in sein Heimatdorf, um an einer rituellen Beschneidung seiner Neffen teilzunehmen; der junge Jazzmusiker aus dem Township Manenberg versucht das Jetset-Leben des verschwundenen District Six in Kapstadt wiederzubeleben; und wir lieben das Dorfleben, wo Hunde und Katzen streunen, Kinder auf den Staubstraßen radeln oder mit alten Autoreifen spielen und man im Kramladen auf der Rückseite einer Cornflakes-Packung anschreiben lassen kann.

Das Schöne ist, dass einem weder als Reisendem noch als Einwanderer zu viel Anpassung abverlangt wird. Woran auch, in einem Land mit so unterschiedlichen Kulturen und elf offiziellen Sprachen? Im Gegenteil.

Willkommen in einem Land, in dem jeder neugierig ist auf Besucher. Wo ein Lebenshunger herrscht, der einem, aus Europa kommend, völlig absurd erscheint. Hier schreit alles nach mehr Regen, mehr Fußball, mehr Gerechtigkeit, mehr Musik, mehr Lohn, mehr deutschem Bier und noch mehr Zusammensein mit Familie, Freunden, Fremden. Das ist der Reichtum eines sonst manchmal armen Landes. Man gehört zur Familie.

Die blutige Schulter der Sonne: Weite

Südafrika ist freundlich und leicht zu erkunden, und der Abenteuergeist der frühen afrikanischen und europäischen Siedler ist überall zu finden.

Anders als in Europa gibt es keine Märchenschlösser, gotischen Kathedralen, Stierjagden oder malerische Grachten zu bestaunen. Das wahre Gesicht Südafrikas offenbart sich in seinen Menschen und Landschaften.

Zwei Dinge erfährt der Reisende. Einen Sprung zurück in der Zeit. Und eine nie gekannte Weite.

Der Sprung in die Vergangenheit führt in eine noch unverdorbene Natur und eine Wildheit, die Europa schon lange nicht mehr kennt. In Europa haben wir zwar den Vorteil von WiFi-Hotspots an jedem Kiosk und geteerten Fahrradwegen durch den einsamsten Wald, aber die Abenteuerplätze unserer Kindheit und die Rauheit anderer europäischer Länder, in die wir jedes Jahr gereist sind, finden wir längst nicht mehr wieder.

Als wir uns für Südafrika entschieden, wollten wir, dass unsere Kinder die Ungezähmtheit und Unschuld der

Natur kennenlernen, die wir seit unserer Kindheit vermissen. Wir wollten, dass sie Natur nicht als etwas definieren, das hinter einem Zaun lebt, sondern als das, was sie Jahrtausende für den Menschen war: eine fast feindliche Lebenswelt, in der wir klein und verloren sind.

All das vergeht, wir sehen es auch hier. Der 120 Kilometer lange Küstenabschnitt zwischen Kapstadt und Hermanus könnte wie in Spanien in wenigen Jahren eine einzige lang gezogene Siedlung sein, so wie Küstenorte um Durban immer näher zusammenrücken und einige der löchrigen Autobahnen für die Fußball-WM sattschwarzen Pisten gewichen sind.

Alles wird vernünftiger. Sogar die »Rauchen verboten«-Schilder in Supermärkten verschwinden, weil selbst die hartnäckigsten Buren die Zeichen der Zeit lesen können.

All das ist unaufhaltsam, aber Südafrika ist zum Glück groß und afrikanisch genug, dass die Überzivilisierung noch lange auf sich warten lassen wird.

Die wahre Größe des Landes erfährt man auf seinen Straßen. Eine – oft karge – Weite, die einen süchtig macht wie Gottes Gegenwart, der hier ein wenig großzügiger war bei der Erschaffung der Welt. Zwischen wildem Meer, glühenden Felswänden und auf endloser roter Erde fühlt man sich als Mensch winzig. Plötzlich fällt einem auf, dass man auf dieser Regionalstraße seit einer Stunde keiner Menschenseele begegnet ist. Weder in einem Auto noch zu Fuß.

Für uns Europäer ist es immer wieder unfassbar, wie unberührt Gegenden in Südafrika sind. Und das Schöne an dieser Unberührtheit der Schöpfung ist, dass man sie sieht. Was nützen einem 200 Quadratkilometer menschenleerer Urwald, wenn man nur einen Meter weit hineinsehen kann? In Südafrika sieht man die Weite, man kann sie spüren, und sie fühlt sich eindeutig mächtig an. Und die gleichen Menschen, die die Erschließung Europas vorantreiben und über jeden Bach eine Brücke bauen, erholen sich von dieser Mühe in Südafrikas Weite, die zwar erschlossen, aber nicht gezähmt ist.

Was die ersten Europäer an der afrikanischen Südspitze mehr auf dem Herzen hatten als Landeserkundung, war ihr Glaube. Bartolomeu Diaz errichtete 1488 das erste Kreuz in Mossel Bay, nachdem er den südlichsten Punkt Afrikas, Kap Agulhas, umfahren hatte. Das »Kap der Nadeln« wurde so genannt, weil um die Zeit seiner Entdeckung geographischer und magnetischer Nordpol identisch waren.

Nicht einmal der Anblick des mythischen Meeresbergs, den die Portugiesen noch vor dem Kap Agulhas passiert hatten, hatte sie reizen können, dieses Land zu erkunden. Die Portugiesen kannten Hitze und Regenarmut schon von zu Hause und blieben daher lieber auf der Suche nach dem Seeweg nach Indien. Meeresberg nannten ihn die einheimischen Nomadenvölker, die San und die Khoikhoi (oder kurz Khoi), was oft zu Khoisan zusammengezogen wird. Auf seinem flachen Sandsteinplateau formen sich die Wolken, die der Meereswind Richtung Inland bläst, wie zu einem Tischtuch, das manchmal in fließenden Bewegungen die Abhänge hinabwogt. Weshalb die Siedler ihn später Tafelberg nannten. Die Holländer wussten, was einladend klingt. Schließlich sollten die Gärten am Tafelberg von 1652 an die Seefahrer Richtung Osten mit frischem Gemüse, Fleisch und Wein versorgen. In jenem Jahr landete Van Riebeek mit drei Schiffen, um für die Niederländische Ostindien-Kompanie eine Versorgungsstation auf dem Weg nach Indien einzurichten. Und zur Verwunderung der nomadisierenden Buschleute und ihres Viehs baute er als Erstes eine Festung aus Erdwällen.

Das vorgelagerte Kap nannten die Portugiesen *tormentoso*, stürmisch, wobei es im Sturm vielmehr tückisch ist. Die Holländer nutzten die geschützten Buchten desselben Kaps während der Winterstürme als Häfen. Sie waren hartnäckiger am *Cabo de boa esperanza,* am Kap der Guten Hoffnung, wie es der portugiesische König später benannte. Weil es den Seeweg zu Indiens Gewürzen eröffnete, nicht weil er sich in diesen unbekannten Landstrich verliebt hätte.

Dieses Kap ist noch heute das Tor zu Südafrika. Wer nicht in einem Allradantrieb über die afrikanischen Grenzen rumpelt, mit dem Fahrrad aus Mosambik kommt, durch die Kalahari Botswanas ins Land trampt oder im Ballungsgebiet von Johannesburg und Pretoria landet, beginnt seine Erkundung des Landes wie die ersten Siedler am Kap.

Es ist immer spannend zu sehen, wodurch Besucher der Kapregion bezaubert werden, die im Gegensatz zum meist flachen, heißen Inland die sanften Hügel der Weingegenden kennt, den schroffen Sandstein und Granit der Felsenküste und verschiedenste Klimazonen. Freunde, die im Dorf Botriver 80 Kilometer östlich von Kapstadt Wein anbauen, können Regen und kühlen Wind haben, während wir nur 20 Kilometer weiter im Süden am sonnigen Strand liegen. Und in der Universitätsstadt Stellenbosch können Sommertage so schwül und heiß sein wie im thailändischen Sommer, während man am nahen Franschhoek-Pass durch kalten, dicksten Nebel fährt.

Jeder findet hier etwas, in das er sich verliebt. Ein sehr kritischer deutscher Freund zum Beispiel, der Südafrika sonst eher hässlich und unkultiviert fand, war begeistert von Caledon, einer kleinen Provinzhauptstadt mit rauem Charme. Er war weniger von den sich bis zum Horizont wölbenden Weizenfeldern angetan als von den Getreidesilos und den klotzig ehrlichen Landhäusern, die nur gelegentlich den Schnörkelgiebel der kapholländischen Häuser aufweisen.

Um das Land und seine seltsame Geschichte zu verstehen, muss man sich die Anziehungskraft vorstellen können, die dieses trotzige Stück Natur auf die ersten Holländer, Briten und Deutschen ausübte, wie das Grasland des Nordens auf die Bantu-Völker, von denen die meisten schwarzen Stämme Südafrikas abstammen.

Deutsche, Holländer, Briten und viele andere reisen noch heute ununterbrochen und in großer Zahl an. Und sie reisen alle durchs Land mit einem seltsamen Heimatgefühl, das sie sich nicht erklären können.

Es scheint die Sehnsucht nach einer ursprünglichen Heimat zu sein. Namibia ist zwar heute politisch gesehen ein anderes Land, aber landschaftlich nur die Fortsetzung der immer karger und trockener werdenden Wüstenschönheit der Westküste, die nur einmal im Jahr aufblüht, wenn im Spätaugust endlose Blumenfelder das harte Land bedecken.

Das Entlegene Namibias hat eine ähnliche Anziehung wie das Kap für die frühen Seefahrer. Uwe Timm erzählt in »Morenga« von der Sehnsucht des Oberveterinärs Gottschalk in Deutsch-Südwest. Pferde, Rinder, ein kleines Haus in der Einöde mit Bibliothek und Klavier, und die Familie musiziert wie in Goethes Wahlverwandtschaften. Fügt man noch ein prasselndes Feuer und ein Stück Wild auf dem Grill dazu, ist das bis heute der romantische Urtraum deutscher Aussiedler.

Im Weg waren den ersten Siedlern nur die Ureinwohner. Die Bittermandelhecke, die damals das Kleineuropa am Kap von den einheimischen Viehhirten trennte, kann man heute noch im Botanischen Garten von Kirstenbosch am Tafelberg sehen. Sogar einen Graben hatten sich die Ratsherren, die Zwölf, in Amsterdam ausgedacht, damit Kapstadt eine Insel werde wie die geliebte Kolonie Batavia im heutigen Indonesien.

Einsamkeit findet man schon im nahen Nationalpark am Kap, an der südwestlichsten Spitze des Landes südlich von Kapstadt. Der Weg dorthin entlang der Bergrücken lässt einen spüren, wie schnell man die Stadt hinter sich lassen kann und das Ego an Größe verliert angesichts der Majestät an diesem Ende der Welt.

Wer wie wir oft die Küste Richtung Osten fährt, über Somerset West, Gordons Bay, Kleinmond und Fisherhaven, sieht zunächst den Bauboom der letzten Jahre bis nach Hermanus, Stanford und Gaansbai, wo täglich Hunderte Touristen nach Weißen Haien tauchen. Kurz danach aber ist Schluss. Die Asphaltstraße Richtung Kap Agulhas geht über in Schotter und verliert sich in Allradwegen und einem riesigen Nationalpark. Und das in einer relativ dicht besiedelten Region Südafrikas. Praktisch nur über die N2, die Nationalstraße im Inland, kommt man weiter die Küste hoch über die *Garden Route,* die weniger Gärten als weite Strände, Wälder und Hügel um fast immer sonnige Küstenorte zu bieten hat.

Der direkte Weg zu den ersten Burenrepubliken Transvaal und Free State dagegen geht auf der N1 Richtung Nordosten mitten durchs Land. Pässe führen vom Kap durch die niedrigen, fast baumlosen Bergketten, Wein wächst in den bewässerten Furchen und am Flussufer entlang der Straße, dann eröffnet sich die Karoo-Wüste, in deren Berghöhlen der Welt älteste Kulturschätze lagern: die Felsmalereien der Buschleute.

Die Trekburen am Ende des 18. Jahrhunderts waren von der großzügigen Landschaft, vom offenen Herzen Südafrikas ebenso angezogen wie die Stämme des Nordens, die sich übers heutige Simbabwe vom fünften Jahrhundert nach Christus an auf die Suche nach Weideland machten und dabei immer mehr nach Süden vorstießen.

Obwohl Südafrika mit seinen verschiedensten Hominidenfunden als evolutionäre Wiege der Menschheit gilt, besiedelte in einer Zeit, als in Europa das Römische Reich verging und andere Weltreiche längst den halben Erdkreis gewonnen und wieder verloren hatten, kaum ein Volk dieses Land. Einiges von dieser Leere spürt man noch, wenn man von Johannesburg wenige Hundert Kilometer nach Westen fährt, wo die Kalahari beginnt. Hier überleben die Bauern gerade mal so von der Schaf- und Ziegenzucht, und das Land erstreckt sich trocken und flach bis zum Horizont. So klar und unbehindert scheint die Sonne, dass sie schon eine Stunde vor Aufgang den blassblauen Himmel im Osten rot aufglühen lässt.

Hierhin verschlug es im Jahr 2008 ein Team des staatlichen Senders SABC, das mit ein paar Fernsehprominenten im Schlepptau eine Sendestation einweihen sollte. Die Premierministerin der Provinz North West kam, Journalisten und ein Komitee mit dem Clan-Chef und Stammeskönig Bareki, dem der Anschluss dieses Tals der Ahnungslosen zu verdanken war.

Noch nie wurde hier, nördlich der Diamantenstadt Kimberly, eine Fernsehsendung empfangen. Die Buren verboten Fernsehen bis 1976 als Teufelswerk, doch seit dem Ende der Apartheid ist Südafrika in der medialen

Gegenwart. Nur ist noch nie etwas von der neuen Freiheit hierher übertragen worden zu dem Volk Batswana, den verstreuten *Coloureds,* wie die Farbigen in Südafrika genannt werden, und Afrikaanern in einem Landstrich, in dem kaum Autos, aber überall Eselskarren verkehren. Wenig überraschend, dass keiner der Einheimischen die mitgereisten Serienstars und Fernsehhelden erkannte. Aber als der Transmitter eingeschaltet wurde und die Fernseher gleichzeitig losbrüllten, brachen ein paar ältere Leute in Tränen aus. Jahrelang hatten sie Angst gehabt, dass sie sterben würden, bevor sie die *magic box* sehen dürften. Und einige freuten sich darauf, endlich Präsident Thabo Mbeki, Mandelas Nachfolger, live sehen zu können. Nur dass der schon seit ein paar Monaten nicht mehr regierte.

Das Land ist ungezähmt und wird es auch bleiben. Vom Kap bis nach Natal. Unbezwingbar wie die Wüste. Man muss sich ihr anpassen. Man muss seinen Motor abstellen, die Augen für einen Moment schließen und dem Wind lauschen, der über die rote, trockene Landschaft der Karoo weht, die sich endlos vor einem ausbreitet, unbarmherzig und doch voller Leben.

Man muss sich in die ersten Trekburen hineinversetzen, die vom Kap aufbrachen, um nie wiederzukehren. Wie viele Tagesetappen werden wir mit dem Ochsenwagen brauchen bis zur nächsten Wasserstelle? Wo grasen hier Springböcke zum Jagen? Was kommt nach der nächsten Bergkette? Und wenn man dann am Abend hungrig auf den Sonnenuntergang sieht, versteht man vielleicht die Buschleute, die im Abendrot die blutige Schulter der erlegten Sonne sahen. Südafrika hat eine Landschaft, die nur die Liebe eines Hartnäckigen akzeptiert. Sogar echte Südafrikaner fühlen sich darin manchmal verloren.

Als wir einmal in die Große Karoo jenseits der Hex-River-Berge kamen und auf der 250 Kilometer langen Schotterstraße nach Calvinia waren, fuhren wir durch eine lehmig rote, leere Staublandschaft voller struppiger Büsche und verlorener Farmhäuser in der Ferne. Die Straße führt so tief durch eine andere Welt, dass die jungen Kapstädter, denen wir bei einer Reifenpanne halfen, völlig verängstigt schienen. Es war über 40 Grad heiß, und ihr nagelneuer Allradantriebwagen hatte aufgegeben. Es gab keinen Handyempfang, und selten kam ein anderer Wagen vorbei.

Dankbarere Menschen haben wir selten getroffen, obwohl wir nur eine gute Stunde von Kapstadt entfernt waren. Wir lachten über die Angsthasen, doch als wir uns dann in der Nacht auf einer Hodia-Farm bei den Buschmannhöhlen in Kagga Kamma unter den südlichen Sommerhimmel stellten, spürten wir auch Furcht. Ehrfürchtig sahen wir auf den größten und belebtesten Himmel unseres Lebens, in dem die Milchstraße nicht ein blasser Schatten ist, sondern ein ausufernder, lebendiger Flusslauf mit Nebenarmen voller Galaxien.

Das Leben ist ein Fluss: Ein Dorf

Wir leben in Stanford, einem kleinen Dorf an der Westküste des Kaps. 20 Kilometer entfernt von Hermanus,
dem berühmtesten Walbeobachtungsort der Welt.

Stanford ist ein ruhiges, hübsches, historisches Dörfchen, eine Seltenheit; es gibt nur etwa drei dieser Art in
der Kapregion, die gepflegt und erhalten wurden. Die
Häuser entlang der Hauptstraße sind im viktorianischen
Stil gebaut, mit einer von Säulen umrahmten Veranda und
putzigen Giebelverzierungen.

Robert Stanford, der Namensgeber und Gründer dieses Ortes, der anfangs nur aus einer Farm bestand, war
ein irischer Offizier, der 1838 mit Frau und Kind in die
Kapregion emigrierte. Über ihn gibt es eine traurig-tra-
gische Geschichte: Die Stanfords waren sehr glücklich in
ihrer neuen Heimat, die sie mit ihren grünen Wiesen,
ihrem fruchtbaren Land und dem Fluss an Irland erinner-
ten. Stanford war sehr wohlhabend, als er am Kap ankam.
Er züchtete irische Rennpferde, Rinder und Schafe, baute
Bewässerungsteiche, eine Mühle. Die Farm florierte,

Stanford wurde immer reicher und kaufte mehr Ländereien. Er war angesehen und respektiert, ein progressiver Farmer mit vielen Ideen.

Das änderte sich, als die Engländer ein Schiff voller Gefangener vor die Küste schickten. Ähnlich wie in Australien sollten Strafgefangene das Neuland besiedeln. Die Farmer des Kaps protestierten, indem sie jegliche Lebensmittellieferung stoppten, solange das Schiff nicht abzöge.

Der Versorgungsstopp brachte aber auch die restliche Bevölkerung in arge Hungersnot. Die Regierung übte Druck auf Stanford aus, der, als britischer Offizier der Königin von England zu Gehorsam verpflichtet, schließlich nachgab und auf eigene Kosten Lebensmittel auslieferte, unter der Bedingung, dass kein Gefangener das Land betrete.

Die ehrenhafte Tat wurde Robert Stanford jedoch von allen übel genommen, und obwohl tatsächlich keiner der Gefangenen einen Fuß an Land setzte, wurde Stanford als Streikbrecher geächtet. Das ganze Kap verschwor sich gegen ihn. Seine Arbeiter wurden gezwungen, ihre Arbeit niederzulegen, seine Kinder mussten die Schule verlassen, Ärzte weigerten sich sogar, seine kranke Tochter zu behandeln, die daraufhin starb. Eine lange Geschichte von Bosheit, Verrat und Ungerechtigkeiten folgte, in deren Verlauf schließlich selbst die wenigen verbliebenen Freunde Stanford in den Rücken fielen. Er kehrte mit seiner Familie zurück nach Großbritannien, seine Ländereien wurden ohne sein Wissen zwangsversteigert. Stanford wurde krank und starb verarmt und ohne dass ihm Gerechtigkeit widerfahren wäre. Die einzige Erinnerung an ihn ist der Name des Orts, an dem seine einst so blühende Kleine Riviers Valley Farm stand.

Stanford hat aber auch Siegergeschichten, wie die von Matilda May. 1957 wurden alle farbigen Familien außerhalb des ursprünglichen Dorfes aufgefordert, innerhalb von drei Tagen ihre Häuser zu verlassen. Sie packten ihr Hab und Gut auf Schub- und Eselskarren, und ihre Häuser wurden, kaum waren sie außer Sichtweite, von Bulldozern niedergewalzt. Von 1972 bis 1974 wurden 30 weitere Familien gezwungen, die Häuser, die sie seit Generationen besaßen und bewohnten, zu verlassen und fortzuziehen.

Von einem Tag auf den anderen war alles anders, erzählt Gerry, der in Stanford aufgewachsen ist. Coloureds und Weiße, die bislang friedlich als Nachbarn und Freunde in Stanford gelebt hatten, sollten plötzlich Feinde sein, weißen Kindern wurde der Umgang mit farbigen verboten. Langjährige Freunde durften nicht mehr miteinander sprechen, denn Freundschaften, die Rassengrenzen überschritten, waren plötzlich verboten. Vor allem die Kinder verstanden die Welt nicht mehr, denn alle sprachen doch die gleiche Sprache, die einen waren ein wenig dunkler als andere, aber wen kümmerte das schon? Plötzlich gab es eine Welt, die in gut und böse, hell und dunkel eingeteilt wurde, und wenn man wie bisher üblich Feigen aus Nachbars Garten aß, war man auf einmal ein Dieb.

Matilda May wohnte in einem Haus im Dorfzentrum, das sie und ihr Mann 1930 aus 18 000 selbst gebrannten Lehmziegeln eigenhändig erbaut hatten. Jedes Mal, wenn ein Beamter mit einer Räumungsaufforderung kam, entschuldigte sie sich, ging in ihr Schlafzimmer, schloss die Tür, fiel auf die Knie und betete: »Herr, befreie mich aus den Händen meiner Feinde.« Dann erklärte sie dem Beamten freundlich, aber bestimmt, sie werde nicht gehen.

Eine reiche Frau aus Constantia hörte schließlich von dieser Geschichte, ging vor Gericht und erreichte, dass Matilda bis zum Ende ihres Lebens in ihrem Haus bleiben konnte. Sie war die einzige Coloured, die im Ort wohnen blieb, dank ihres sanften Widerstands.

Noch heute ist das Dorfzentrum fast ausschließlich von Weißen bewohnt. Vielen Städtern, die ein ruhigeres Leben suchen und es sich leisten können, auf dem Land zu leben. Von Familien mit kleinen Kindern und kreativen Berufen, die sie von zu Hause aus ausüben können, oder pensionierten Architekten, Rechtsanwälten und Menschen, die das Schöne lieben und schätzen. Nicht viele der ursprünglichen Dorfbewohner leben noch im Ort, wie die berühmten drei *Franken sisters*, alle drei rüstig, immer ein Lächeln im zerknitterten Gesicht; die jüngste ist 82, die anderen beiden gut in den 90ern. Sie haben ihre Ehemänner weit überlebt, waren über das ganze Land verstreut und kamen zurück nach Stanford, um gemeinsam in ihrem Geburtshaus ihren Lebensabend zu verbringen. Oft spazieren wir in den frühen Abendstunden an ihrem schmucken Haus vorbei, einem der schönsten kapholländischen Bauten entlang der Hauptstraße mit Säulenveranda und prächtigem Blumengarten, wo die drei hinter dem offenen Küchenfenster schwatzen und lachen und von wo köstliche Essensdüfte auf die Straße wehen.

Hinter dem Vlei, einem Teich, auf dem im Sommer Seerosen wachsen und große Fische springen und an dem in der Abenddämmerung große weiße und schwarze *Veereier* (Kuh- und Schwarzkopfreiher) auf einem kahlen knorrigen Baum hocken, liegt das Wohnviertel der Coloureds, Die Bron. Kleine, schmucke Häuschen, oft in bunten Farben bemalt, zwischen denen Kinder, Hunde und

Hühner auf schmalen ungeteerten Straßen durcheinanderlaufen. Wenn man Die Bron durchquert und Die Skeema, in die damals die Coloureds umgesiedelt wurden, gelangt man nach Hopland mit seinen schlichten Bauten, und ganz am Ende in Die Kop, wo nur Xhosa wohnen. Je weiter man sich aus dem Dorf bewegt, desto ärmer wird es, erst Familienhäuser mit Garage und Garten, dann Steinhäuschen, schließlich Bretter- und Wellblechhütten. Die sind zwar mit einfachsten Mitteln gebaut, doch sauber und ordentlich, bunt angemalt und innen mit Zeitschriftenseiten tapeziert. Die Menschen auf den Straßen winken und begrüßen den Vorbeifahrenden freundlich und fröhlich.

Die Bron hat eine eigene Grundschule, doch da die Unterrichtssprache ausschließlich Afrikaans ist, gehen viele Kinder von dort in die ehemals rein weiße Dorfschule *Okkie Smuts*, in der auch in Englisch unterrichtet wird. Die afrikanischen Kinder sprechen nämlich meist drei oder vier Sprachen. Okkie Smuts, einst Leiter und Namensgeber der Schule, war ein Menschenfreund, der vor fast 100 Jahren unermüdlich die Bauern der Umgebung überzeugte, ihre Kinder bräuchten Erziehung, statt auf dem Feld zu arbeiten.

Die meisten Cafés, Restaurants und Geschäfte Stanfords befinden sich auf der etwa einen Kilometer langen Queen Victoria Road, über die man in das Dorf hineinfährt. Hier sind teure Antiquitätenläden, Immobilienmakler und der Arzt vor Ort, der, wenn er in seiner Praxis nicht zu finden ist, sich im angrenzenden Art Café Rotwein schmecken lässt und, derart angeregt, auf seine Patienten wartet. Zwei Häuser weiter führen zwei uralte, reizende englische Damen den Animal Welfare Shop mit jeder Menge *Kachelkack* (treffendes Afrikaanswort für jede

Art von hässlicher Porzellanware). Weiter die Straße hinunter liegt das sogenannte Hotel, das einen Schnapsladen, einen Anwalt und eine Änderungsschneiderei beherbergt. Gegenüber die Wäscherei, die außerdem Kakteen, indische Schals und selbst gemachte Konfitüre und Eingemachtes verkauft. Ein beliebter Anlaufplatz für Jessie, unsere fette Jack-Russel-Hündin, die auf ihren Essensstreiftouren durch den Ort vor allem während ihrer beiden Schwangerschaften (in einem Jahr!) dort gern ein Päuschen einlegte und sich von den Angestellten mit kleinen Leckerbissen verwöhnen ließ.

Die Stanford-Bibliothek mit ihrem dunklen staubigen Raum nicht zu vergessen, in der Mutter und Tochter mit einer unerbittlichen Strenge herrschen, die uns den Ort meiden lässt, obwohl die Mutter, die den lieblichen Namen Poppie trägt, auch frisches Obst, Gemüse und Blumen aus ihrem Garten verkauft – neben handgehäkelten Deckchen, Kissen und Marmeladen ihrer Freundinnen. Ein paar Meter weiter hat die einzige Muslimin im Dorf ihren kleinen Laden, in dem sie billige Schuhe und Kleidung chinesischen Ursprungs feilbietet und jede Art von Ware in Kommission nimmt, wie ein handgeschriebenes Schild verkündet. Meist sieht man sie vor ihrem Laden in voller Verschleierung in ihr Mobiltelefon sprechen. Sie hat neuerdings Konkurrenz bekommen; nur ein paar Häuser weiter betreibt ein junges chinesisches Paar ein Geschäft mit ähnlichem Ramsch, nur dass sie zusätzlich Spielzeug und Elektronik anbieten. Der Besitzer ist ein muffiger Mann, der ebenfalls immer mit seinem Mobiltelefon spielt und, wenn man hereinkommt, kaum aufsieht und kein Wort spricht. Die Geburt seines Sohnes, eines kugelrunden Säuglings, fest in Tücher gewickelt, den er seit Kurzem stolz vor seinem Laden auf und ab trägt und den die Mädchen aus der Reinigung begeistert in die Backen kneifen, hat den Chinesen derart positiv verändert, dass wir es wagten, ihn nach seiner Herkunft zu fragen. Da stellte sich heraus, dass weder er noch seine Frau mehr als drei Worte Englisch sprechen, was seine Wortkargheit erklärt, die Frage, was die beiden in ein südafrikanisches Dorf verschlug, aber umso interessanter macht.

Ein zentraler Treffpunkt im Ort ist der Algemeene Handelaar, ein Geschäft, das man früher Gemischtwarenhandlung genannt hätte und in dem es auf kleinem Raum so gut wie alles gibt, was ein Mensch zum Leben braucht – Teller, Kleidung, Nägel, Schuhe, Lebensmittel, Medikamente, Schreib- und Süßwaren, alles einfach und günstig –, und besonders beliebt, da man bei Kobin anschreiben lassen kann. Kobin ist ein freundlicher, stets gut gelaunter und immer zu einem Schwätzchen aufgelegter Bure, ein gottesfürchtiger Mann, der seinen Laden nicht nur als Einkommensquelle, sondern als Missionsstation sieht, wo er den Menschen über die Theke hinweg spirituellen Rat gibt. Er glaubt fest an das Gute, und es ist bestimmt kein Zufall, dass sein Geschäft von Überfällen verschont bleibt.

Anders als Hennies Pub, auf der Straßenseite gegenüber. Die Dorfbewohner sind sich einig: Wann immer es Ärger gibt, ist Hennies Pub darin verwickelt. Eine Verkehrsampel auf der säulengetragenen Veranda des traditionellen Gebäudes zeigt an, ob der Pub offen (grünes Licht) oder geschlossen ist. Innen ist eine lange Theke, darüber ein großer Fernseher, auf dem die Sportübertragungen gezeigt werden. Das heißt Rugby und Cricket, denn Fußball interessiert hier niemanden. Fußball ist in Südafrika der Sport der Farbigen und der Schwarzen –

und die sieht man eher selten in einem Pub. Hennie ist ein kleiner Mann in den 40ern mit einem großen Bierbauch und der *Spitbraai*-Spezialist. Wer immer ein ganzes Schaf grillen will, oder gleich zehn, ruft Hennie an.

Letztes Jahr wurde Hennies Frau Christine durch Messerstiche in den Hals getötet. Von einem ehemaligen Angestellten, der sich bei der Lohnzahlung hintergangen gefühlt hatte. Der 23-jährige Xhosa ohne Vorstrafen konnte schon am nächsten Tag festgenommen werden. Ein tragischer Vorfall, der selbst in dem an Gewalt gewöhnten Südafrika die Dorfgemeinschaft zutiefst erschütterte.

Michael Boon hat eine Erklärung für den grausamen Mord: »Du kannst einem schwarzen Mann alles nehmen, nur nicht sein Geld, denn damit stiehlst du seine Ehre.« Michael ist ein 60-jähriger Engländer, der als junger abenteuerlustiger Schreiner in das Land kam und blieb. Er ist bestimmt kein Rassist; er weiß, wovon er spricht. Seine bezaubernde Frau Esme ist eine Coloured, die er schon zu Zeiten der Apartheid geheiratet hat. Michael, der fließend Zulu spricht, hat zudem jahrelang in einem kleinen Zulu-Dorf gelebt und später einen von Erbschleichern und Neidern bedrohten verwaisten Zulu-Prinzen adoptiert, ihn aufgezogen wie einen eigenen Sohn und ihm eine Ausbildung ermöglicht.

Sein Haus liegt an der Grenze zwischen Dorf und Die Skeema, und er steht gern am Gartenzaun und hält ein Schwätzchen auf Zulu, was die Xhosa verstehen können. Er erklärt ihnen, dass er kein *Umlungu* ist, das Wort, das die Xhosa für die Weißen verwenden und so viel wie Zauberer bedeutet, weil die ersten Weißen Speere hatten, die Rauch und Feuer ausstießen (Gewehre). Michael will kein Umlungu sein, sondern ein Mensch wie sie, nur weiß. So beginnt er oft das Gespräch und gewinnt dabei das Vertrauen seines Gegenübers. Die Leute fragen ihn dann um Rat, zum Beispiel, was zu tun sei, wenn die Ehefrau davongelaufen ist, für die der *lobolo* (Brautpreis) bereits bezahlt wurde.

In der Nähe der Siedlung Die Kop wohnt auch Pinky, ein 23-jähriges Xhosa-Mädchen. Sie ist vor zwei Jahren aus der Transkei in das kleine Dorf an der Westküste gekommen. Wir haben sie und ihre Schwester Zimka kennengelernt, als sie von Hermanus nach Stanford trampten. Zimka ist nicht wirklich ihre Schwester, wie wir später herausfanden und dabei lernten, dass bei den Xhosa enge Freunde selbstverständlich in die Familie aufgenommen werden. Pinky und Zimka lebten eine Zeit lang zusammen in einer Bretterhütte neben ihrer Vermieterin, die meistens betrunken ist. Die Vermieterin wohnt nobler: in einem der kleinen Häuser aus Beton, die die Regierung seit dem Ende der Apartheid landauf und landab errichten ließ, um die Wellblechhütten und Bretterbuden aus dem Landschaftsbild zu verbannen. In Pinkys Hütte steht nur das Nötigste: ein Bett und ein Ofen zum Kochen. Zimka ist ausgezogen, als sie schwanger wurde; stattdessen wohnt jetzt Phelokazi dort, Pinkys richtige Schwester, elf Jahre alt, die sie nach dem Tod ihrer Mutter aus der Transkei zu sich geholt hat.

Pinky ist überzeugt davon, dass ihre Mutter von einem *Sangoma* (Medizinmann) verhext wurde, aus Neid, weil sie eine tüchtige Frau war und ihren Unterhalt mit Näharbeiten verdiente. Deshalb ging Pinky auch weg aus der Transkei, um am Kap, wo sie keiner kennt, ein eigenes Geschäft aufzubauen.

Pinky sagt, sie versuche zu niemandem zu freundlich zu sein, um Komplikationen, die lebensgefährlich werden könnten, zu vermeiden. Um das Startkapital für ein eigenes Geschäft aufzubringen, kaufte sie eine große Flasche Brandy, füllte ihn in kleine Flaschen ab und verkaufte diese mit einer Gewinnspanne von etwa 20 Rand (knapp zwei Euro). Die Leute akzeptierten den höheren Preis, weil Pinky ihnen Kredit gab. Mit dem Ergebnis, dass sie keinen Cent für ihren Brandy sah. Nun hat sie sich aufs Haareflechten verlegt. Ihre Kundinnen kommen zu ihr und bringen alles Nötige von Glätteisen bis zu künstlichen Haaren für Haarverlängerungen selbst mit. Ihre beiden kleinen Kinder, die bei der Großmutter in der Transkei leben, kennt Pinky kaum. Von Männern habe sie genug und heiraten wolle sie ohnehin nicht, weil sie als Xhosa dann für den Mann arbeiten müsste, keine Rechte hätte und langweilige, traditionelle Kleidung tragen müsste statt Jeans und T-Shirts, was sie, sagt sie, furchtbar alt aussehen lasse.

Ihre Schwester Phelokazi geht wie unsere Kinder in die Dorfgrundschule *Okkie Smuts*, an die ein Internat angegliedert ist. Eine einfache Unterkunft, in der Kinder zwischen sechs und 14 Jahren leben. Es ist eine bunt gemischte Schule.

Das Internat wird von *Oom* (Onkel) Gerry und seiner Frau *Tannie* (Tante) Adanna mit viel Liebe und Strenge geleitet. Oom Gerry, in jungen Jahren ein wilder Rockstar, ist ein herzensguter Mann mit blitzblauen Augen. Er flucht viel mit einer furchterregenden Stimme, gibt Gitarrenunterricht, verkauft mit seinen Kindern auf dem monatlichen Bauernmarkt gegrillte *Boerewors* (Bauern- oder Burenwurst) und leitet außerdem die Schulband, die seit Jahren unermüdlich »Born To Be Wild« durch das Dorf schmettert.

Braai und Barfußlaufen: Verhaltensregeln

Da die Südafrikaner ein herzliches und gastfreundliches Volk sind, wird man sich schnell Freunde machen, und diese werden einen dann zum Essen einladen. Eine Gelegenheit, Land und Leute kennenzulernen, die man sich auf keinen Fall entgehen lassen sollte.

Essenseinladungen sind oft spontane, zwanglose Zusammenkünfte, bei denen jeder etwas mitbringt und man sich meist um den *braai,* den Grill, versammelt. Handelt es sich ausdrücklich um einen *bring and braai,* bedeutet das, dass jeder sowohl sein Essen als auch seine Getränke selbst mitbringt. Das Fleisch wird aber nicht selbst gegrillt, sondern beim *braaimaster* abgeliefert. Üblicherweise ist das der Herr des Hauses; gibt es einen solchen nicht, wird ein anderer Mann diese Aufgabe übernehmen, denn Frauen haben am Grill nichts verloren. Der Braaimaster macht das Feuer und grillt das Fleisch und die Würstchen. Grillen ist in Südafrika eine ernste Angelegenheit, und es heißt: »*Never interfere with a man's fire.*« Dem Grillmeister ins Handwerk zu pfuschen ist tabu. Das fertige Fleisch wird in einem Behälter gesammelt und anschließend auf den Tisch gestellt. Jeder isst, was er mitgebracht hat.

Wird man zu einem gewöhnlichen Dinner eingeladen, fragt man die Gastgeber, was man mitbringen kann, zum Beispiel Getränke oder einen Nachtisch.

Wenn man zu einem *spitbraai* eingeladen wird, sollte man sich die Gelegenheit nicht entgehen lassen. Dabei wird ein ganzes Tier (meist Lamm oder Schaf) an einem Drehspieß (dem *spit*) über offenem Feuer gegrillt. Das ist ein großes gesellschaftliches Ereignis, bei dem die hungrigen Gäste sich um den Grill scharen und mit den Fingern knusprige Stückchen vom Braten stibitzen, während der Braaimaster noch das Fleisch in Portionen zerlegt.

Bei einer Einladung zu einem *potje* hingegen ist Vorsicht geboten. *Potjekos* ist eine Art Eintopf aus Ziegen-, Schafs-, Wild- oder Ochsenfleisch, der in einem speziellen gusseisernen Topf (*potje*, sprich poikie) über offenem Feuer stundenlang vor sich hin gart. Das kann sich nach unserer Erfahrung bis Mitternacht hinziehen, weswegen wir entweder eine Einladung dazu meiden oder vorher gut essen.

Potjekos haben die Trekburen auf ihren langen Reisen mit dem Ochsenkarren erfunden. Wenn sie ein Lager aufschlugen, wurde ein riesiger Kessel voll Eintopf gekocht. Was nach dem Essen übrig blieb, wurde in dem Kessel unter den Wagen gehängt und beim nächsten Halt aufgewärmt. Das ging über Tage hinweg, da das Fett, das obenauf schwamm, das Essen konservierte.

In keinem Fall ist zu erwarten, dass zur verabredeten Zeit das Essen auf dem Tisch steht. Ob Potje oder Braai: Oft wird das Feuer erst entzündet, wenn alle da sind, und dann sitzt man um eine Schale Chips herum, bis das Holz niedergebrannt ist.

Generell gilt: Südafrikaner haben eine andere Zeitauffassung als wir. Schon Desmond Tutu hat sich gegen die Legitimation der *african time* gewehrt, auf Deutsch: dass man einfach zu spät kommt. Sehr zu spät. Sinnbildlich wird das, wenn einem jemand *just now* (jetzt gleich) die geliehene Säge zurückgeben will. Er wird sie noch die nächsten zwei Jahre benutzen. Mehr Hoffnung kann man haben bei einem *now now* (jetzt jetzt), das fast einem »bald« gleichkommt und noch vor dem dritten Bier eintreffen könnte.

Es ist höflich und üblich, jeden Menschen bei der Begrüßung zu fragen, wie es ihm geht. Man kann nicht höflich genug sein, und im Gegensatz zu Deutschland wird einen die Kassiererin im Supermarkt nicht fassungslos ansehen, wenn man sie mit »*How are you today?*« begrüßt, sondern mit einem strahlenden Lächeln antworten: »*Fine and yourself?*« Ich las einmal, dass für Deutsche im Ausland allgemein die Regel gilt: Seien Sie so freundlich, dass Sie denken, man würde Sie für verrückt halten, dann haben Sie die unterste Stufe der Höflichkeit erreicht. Das gilt im Besonderen für Südafrika. Während die Höflichkeit in Amerika nur eine Floskel ist, ist sie bei den Südafrikanern herzlich und ernst gemeint.

Eher ungewohnt für den Europäer ist die Begrüßung der Afrikaaner von Menschen, die sie besonders ins Herz geschlossen haben, mit einem Kuss auf den Mund. Das ist nicht jedermanns Sache, und es ist deshalb nicht unhöflich, wenn man den Kopf leicht zur Seite dreht und den Kuss auf die Wange umlenkt. Es bleibt dem Europäer auch überlassen, ob er die ansonsten übliche Umarmung – meist ohne Wangenküsschen – erwidern möchte oder nicht. Auf Afrikaans heißt diese Begrüßungsform *drucki,* was auch für einen Deutschen sehr verständlich beschreibt, worum es geht. Als ich unsere Tochter am ersten Schultag von der Schule abholte, stand die Lehrerin am Ausgang des Klassenzimmers und verabschiedete jedes Kind einzeln mit einer festen Umarmung.

Nun gibt es aber auch hier äußerst reservierte Menschen, und solange sie nicht entschlossen auf einen zukommen, schüttelt man ihnen wie in Deutschland die Hand. Sofern es sich um einen »Engländer« oder Afrikaaner handelt, denn gibt man einem Xhosa oder Zulu die Hand, wird er sie nicht schütteln, sondern erst drücken, dann den Daumen umgreifen und schließlich wieder die Hand – das alles in schneller Abfolge. Für Eingeweihte gibt es eine langwierige und ausgefeilte Abfolge von Umfassen und Umgreifen, die mit einem gegenseitigen Daumenschnippen beendet werden kann. Am besten lässt man seine Hand vom Gegenüber führen oder sich das Ritual von einem Einheimischen zeigen.

Man sagt, für Schwarzafrikaner ist es ein Zeichen von Respekt, den direkten Augenkontakt zu vermeiden. Das gilt durchaus nicht für jeden, und die meisten sehen einem fröhlich in die Augen. Dies nur als Hinweis, nicht jeden für verschlagen zu halten, der einen nicht direkt ansieht.

Afrikaanische Kinder werden dazu erzogen, älteren Menschen gegenüber großen Respekt zu zeigen, sie mit Tannie (Tante) oder Oom (Onkel) anzusprechen – selbst Fremde – und auf jede Frage brav und bescheiden mit »*Yes, Tannie*« oder »*No, Tannie*« zu antworten.

Als ich daher vorsichtshalber unsere Freundin Mandie fragte, ob ich die Mutter unserer gemeinsamen Freundin Coia mit Tannie ansprechen müsse, sah sie mich entsetzt an und sagte: »Nein!«

»Warum nicht?«

»Weil du alt bist.«

Ich nehme an, dass sie mit ihren 21 Jahren keinen Unterschied zwischen meinen 40 und den 70 von Coias Mutter sehen konnte, aber ich habe durchaus 50-Jährige nur wenig ältere Frauen mit Tannie ansprechen hören.

Man muss sich auch nicht wundern, wenn einem Menschen bereits nach zehn Minuten Gespräch ihr Leben erzählen, von den Schwierigkeiten mit ihren Kindern oder in der Ehe berichten. Und wenn jemand seine Hilfe anbietet, dann meint er es auch so. Nachbarschaftliche Unterstützung ist selbstverständlich in diesem Land, in dem es kein mit Deutschland vergleichbares Sozialnetz gibt und viele Menschen nicht krankenversichert sind. Eine Witwe und Mutter von drei Kindern, deren jüngster Sohn Zacharias an einem Gehirntumor erkrankte und operiert werden musste, wurde von ihrer Kirche, von Freunden und der Nachbarschaft unterstützt. Jemand kümmerte sich um die zwei anderen Kinder, während die Frau mit Zacharias im Krankenhaus war; es wurde für die Familie gekocht und eingekauft, und da die Frau ihrer Arbeit nicht mehr nachgehen konnte, legte man zusammen, um ihr Einkommen zu sichern. Der kleine Zach wurde gesund, es gab eine große Geschichte über ihn in der lokalen Zeitung und einen langen Dankesbrief der Mutter an all die wunderbaren Menschen, die ihr in dieser schwierigen Zeit geholfen haben.

Problematisch ist dieser Zusammenhalt in der Geschäftswelt. Der Energieminister, der seine 24-jährige Nichte in den Vorstand eines Stromkonzerns wählen lässt, gehorcht nur dem Clan-Gesetz, wonach man füreinander sorgt. Und so wird eine Haltung, die großartig für eine Witwe mit drei Kindern ist, zum Bremsklotz in der modernen südafrikanischen Wirtschaft, die auf westlichen Prinzipien der Konkurrenz und Individualität beruht.

Wer weiß, vielleicht erwächst daraus eines Tages noch ein neues Wirtschaftsmodell: ein funktionierender Familienkapitalismus, denn in Afrika ist man immer ein Team.

Die Südafrikaner haben auf dem Land und in ihrer Freizeit einen sehr lockeren Kleidungsstil. Wenn nicht ausdrücklich formelle Kleidung angeordnet ist, kann es vorkommen, dass Männer barfuß oder in Schlappen und kurzen Hosen erscheinen, zusammen mit gestreiftem Polohemd oder einem »Burenhemd« (mit heller abgesetzten Brusttaschen). Buren kann man von englischstämmigen Südafrikanern daran unterscheiden, dass ihre Hosen kürzer sind und – wenn sie nicht barfuß laufen – Schuhe und Socken dazu tragen. Die afrikanischen Männer dagegen sind meist sehr smart gekleidet und nie in kurzen Hosen zu sehen.

Barfußlaufen ist des Südafrikaners Leidenschaft. Die Kinder dürfen bis zur siebten Klasse ohne Schuhe zur Schule kommen. Was viele sommers wie winters tun. Barfuß, aber in Schuluniform. Auch erwachsene Männer laufen gern ohne Schuhe herum, selbst in der Stadt. Vom Strand kommend in den *Bakkie* (Pick-up) springen, barfuß mit Shorts und Polohemd, die Sonnenbrille im Haar, das Handy am Ohr, das Surfbrett auf dem Dach, die Kinder braun gebrannt mit nassem Haar in Badeanzügen hinten auf der Ladefläche, noch ein paar Hunde dazu – das ist das ultimative Lebensgefühl. Oder einfach *lekker,* ein Wort, das für Wohlgefühl in allen Lebenslagen angewandt wird. Lekker Tag, lekker Wetter, lekker Surf, lekker Essen.

Ein südafrikanischer Freund, der mit seiner Familie ein Jahr in einer kleinen Stadt in Mittelengland verbrachte, erzählte, wie seine Töchter eines Tages von einer besorgten Polizeistreife nach Hause gebracht wurden, weil sie barfuß auf der Hauptstraße gelaufen waren. Im Hochsommer. Später kamen sogar zwei Sozialarbeiter vorbei, um sicherzugehen, dass in der Familie alles mit rechten Dingen zuging.

Südafrikaner sind Freizeitmeister. Neulich verabredeten wir uns mit unserem Freund Andries zum Wasserskifahren. Wir hatten ordentlich gefrühstückt, um die nächsten paar Stunden ohne Essen zu überstehen, packten dementsprechend nur Badesachen und ein paar Handtücher ein. Andries und seine Frau Coia hatten ein wenig mehr dabei. Nicht nur das Boot auf dem Anhänger, sondern noch zwei Kajaks auf dem Dach und den Bakkie bis obenhin vollgepackt mit Schwimmwesten, drei Faltstühlen, diversen Decken, Taschen voll Ersatzkleider für die Kinder, einer Matratze, Spielsachen, einem Korb mit Proviant: Äpfel, zwei Tüten voll Biltong, Kräcker, zwei Thermoskannen Kaffee, vier Kaffeetassen, Erdnüsse, Rosinen, und zwei Paar Wasserski nicht zu vergessen. Nach einer halben Stunde kam Wind auf, und der mit großer Vorfreude geplante Wasserskitag musste abgebrochen werden, was die Laune allerdings nicht im Geringsten beeinträchtigte.

Im Sommer am Strand ist immer ein Sonnenschirm dabei, ein Windschutz, Strandstühle, Chips für hungrige Kinder und eine Kühltasche mit Getränken und Fleisch. Im Auto wartet das Feuerholz, denn man wird an jeder Raststelle, jedem Picknickplatz, überhaupt an jedem nur erdenklichen Ort, wo Leute zusammenkommen, Braai-

Stellen finden. Selbst mitten im Wald. Keiner kann quengeln, weil es zu heiß, zu windig, zu langweilig, weil er durstig oder hungrig ist. An alles ist gedacht, und jeder tut, was ihm gerade Freude macht. Isst, trinkt, spielt, schwimmt, liest, schläft, surft, taucht, und immer beschäftigt sich jemand mit den Kindern, denn das ist der größte Spaß daran. Freizeit geht mit einem großen Maß Organisation einher, die den einzigen Zweck hat, zum größten Maß an Komfort, Spaß und Entspannung zu gereichen. Nie sieht man eine Familie angespannt oder im Freizeitstress. Vielleicht ist das das Resultat von jahrelangem Barfußlaufen. Eine größere Gelassenheit und Verbundenheit mit der Erde, auf der man steht.

Zum guten Ton gehört es auch, den anderen machen zu lassen und nicht zurechtzuweisen. Das gilt auch für Ehemänner und Kinder. Keine Frau würde ihrem Mann ins Feuer pfuschen, selbst wenn es viel zu lange dauert oder er es überhaupt nicht in Gang bringt, und die Kinder lässt man ihren Spaß haben. Bei einem Pfadfindertreffen war das kleine Wäldchen am Klubhaus voller Acht- bis Zwölfjähriger, die Holz hackten und überall kleine Feuer machten, um Marshmallows zu grillen. Nachdem ich einen Knirps eine Weile beobachtet hatte, wie er mit der Axt auf ein Stück Holz zwischen seinen Beinen hieb, fragte ich eine der Mütter: »Bin das nur ich, oder macht das auch sonst noch jemanden nervös?« Sie sagten: »Wir haben gerade darüber gesprochen: Am besten gar nicht hinsehen.« Das taten wir dann, und alles ging gut. Keine abgehackten Hände oder Füße, kein Waldbrand, nur ein Junge wurde von einem kleinen Skorpion gebissen und musste ins Krankenhaus gefahren werden, kam aber kurz darauf fröhlich zurück. Skorpione unter sechs Zentimeter Länge sind harmlos im Westkap, haben wir aus diesem Vorfall gelernt. Wenn ihre Zangen kleiner als ihr Stachel sind. Oder war es andersherum?

Nicht wegschauen sollte man allerdings, wenn die Kinder am oder sogar im Meer sind. Die Atlantikküste hat es in sich und ist voller Strömungen, und es passiert nicht selten, dass es den ein oder anderen Schwimmer hinauszieht. Ein Rat, den jeder Vater seinen Kindern mitgibt: »Dreh dem Meer nie den Rücken zu!«

Neulich sah eine Freundin eine Sendung über München und fragte mich ungläubig, ob die Menschen dort wirklich splitternackt im Park herumlägen und warum in aller Welt sie das machten. Völlig unverständlich für die weißen Südafrikaner. Nackt badet man daheim im eigenen Pool, wenn es keiner sieht, das nennt sich dann *skinny dip*. An öffentlichen Stränden sollte man in jedem Fall auch das Bikinioberteil anbehalten, wenn man kein Aufsehen erregen will.

Wobei den Schwarzafrikaner der Anblick eines bloßen Busens völlig kaltlässt, denn der ist für ihn nicht mehr als die Nahrungsquelle für Säuglinge. Der Frauenhintern ist vielmehr, worauf es ankommt.

Rassismus ist ohne Frage verpönt unter aufgeklärten Menschen. Es gibt eine stillschweigende Übereinkunft, Rassenunterschiede nicht zum Thema zu machen. Steve Otter, ein englischstämmiger Journalist, der zwei Jahre in Khayelitsha, Kapstadts größtem Township, gelebt und ein Buch darüber geschrieben hat, bringt es auf den Punkt: »Political correctness in Südafrika heißt, die Rasse oder Hautfarbe des Gegenübers am Pooltisch nicht zu bemerken.«

Es gehört ebenfalls zum politisch korrekten Ton, Menschen nicht anhand ihrer Hautfarbe zu beschreiben, sofern es nicht unbedingt nötig ist. Oder gar von *blacks* (Schwarzen) zu reden. Weder im Allgemeinen noch im Besonderen. Völlig übertrieben aber ist es, wie einmal von einem Reiseleiter gehört, das Wort *schwarz* völlig zu vermeiden. Ohne Probleme kann man sich seinen Kaffee *black* bestellen.

Die Haltung der Afrikaner zum *moolah,* zu Kies, Knete, also Geld, ist ganz anders als die der Weißen. Wer Geld hat, der zahlt; wenn er sich weigert oder meckert, riskiert er, sein Gesicht zu verlieren, deshalb zieht er lieber zähneknirschend seinen Geldbeutel. Diese Einstellung kann schnell zum Problem werden. Sarah, eine junge Xhosa-Frau, kann nicht über Weihnachten zu ihrer Familie in die Transkei fahren, weil alle von ihr Geschenke erwarten. Dabei verdient sie nicht mehr als 300 Rand (knapp 30 Euro) die Woche, wovon sie ohnehin ein Drittel ihrer Familie schickt. Doch allein die Tatsache, dass sie woanders lebt und Arbeit hat, macht sie in den Augen ihrer Angehörigen und Freunde reich. Geld ist in der afrikanischen Kultur nicht für einen allein da, sondern für alle, die zum erweiterten Haushalt gehören. Hat man es in der Tasche, gibt man es lieber schnell aus, für Kleider, Schuhe oder Dinge, auf die man in den Jahren der Apartheid verzichten musste, und verlässt sich auf die Freunde, die genug Geld mit sich herumtragen, um die Barrechnung zu bezahlen.

Bakkies und *Baboons*:
Auf der Straße

So liebenswert und hilfsbereit die Südafrikaner im täglichen Leben sind, so erbarmungslos sind sie auf den Straßen. Da wird dicht aufgefahren, gedrängelt, selten stoppt
ein Auto für ein anderes, und wer als Fußgänger gewohnt
ist, dass Fahrzeuge bremsen, sobald man seinen Fuß auf
die Straße setzt, riskiert hier sein Leben. Eher wird für
eine Schildkröte gebremst. In diesem Fall wird der Wagen am Seitenstreifen abgestellt und das Tierchen sicher
auf die andere Seite getragen. Fußgänger werden lediglich angehupt. Auch Fahrradfahren ist riskant. Nicht nur,
weil die wenigen Radfahrer gern auf der falschen Seite
fahren und nachts ohne Licht unterwegs sind.

An Radler scheint man sich in diesem Land noch nicht
so richtig gewöhnt zu haben, und es gilt das Gesetz der
Straße: Je größer das Fahrzeug, desto geringer die Wahr-
scheinlichkeit, übersehen zu werden. Groß ist gut, größer besser. Das absolute Lieblingsauto ist der Bakkie, am
beliebtesten der Toyota Hilux, ein Pick-up mit großer
Ladefläche, auf der man Kinder, Hunde, Arbeiter, Anhal-

ter, Sand, Möbel, Ziegelsteine, Schrott, Holz, Schafe, Dung etc. transportieren kann, offen oder geschlossen, Zwei- oder Viersitzer. Das klassische Farmauto, das aber ebenso in der Stadt gefahren wird. In Johannesburg kann sich der Städter sogar Dreck auf sein Allradauto spritzen lassen, das sonst nie schwieriges Gelände sieht. Den Spritzdreck gibt es natürlich in verschiedenen Farbtönen. Je nachdem, ob die Nachbarn denken sollen, dass man in der Kalahari war (gelb), in Mosambik (ocker) oder einfach nur bei einer *Off Road Show* (dunkelbraune Dreckbatzen).

Vor den Schulen sitzen Mütter in Ungetümen und warten auf ihre Kinder, während der Dieselmotor vor sich hin dröhnt. Kleine Frauen in hochhackigen Schuhen mit rot lackierten Zehennägeln und frisch geföhnten Haaren fahren Autos, die in die Kategorie Kleinlaster passen. Ein Bild dafür, was eine südafrikanische Mutter hauptberuflich ist: eine hart arbeitende Busfahrerin, die ihre Kinder und deren Freunde von einem Ort zum anderen chauffiert; kein Weg ist ihr zu weit, keine Fahrt zu viel. Groß müssen die Autos sein, schon allein wegen der Sicherheit der Kinder, und hoch, und viele PS müssen sie haben, am besten noch einen Schnorchel (hilfreich bei Überschwemmungen und Flussdurchquerungen) und Vierradantrieb.

Letzterer ist unumgänglich für die 4×4-Tracks, Hinterlandstraßen und Wege, die man mit einem normalen Auto nicht befahren kann und über die man deshalb an Strände und Orte kommt, die nicht jeder erreicht. Seit ein paar Jahren ist es verboten, im Sand am Strand entlang zu fahren; viele bedauern das, und manche fahren dort immer noch.

Die Südafrikaner laufen zwar nicht gern, aber sie lieben die Natur; je wilder und einsamer, desto besser. Zehn

Kilometer entlang einer Staubstraße hinter unserem Haus beginnt ein Naturschutzgebiet und einer der schönsten Strände der Welt. Hinter meterhohen Dünen liegt das türkisklare eisige Meer, wie im ersten Teil des Surferklassikers »The Endless Summer«, in dem Jungs in den 1960er-Jahren den Strand von Jeffreys Bay entdecken. Genauso sieht es da aus. So weit das Auge blicken kann, nur Sand und Meer, kein Haus, kein Mensch, nichts als Natur. Da wir keinen Vierradantrieb in unserem ansonsten geländegängigen Auto haben, müssen wir 20 Minuten durch die Landschaft laufen, nur das Nötigste, eine Wasserflasche, tragend, die Handtücher um die Schultern gelegt, bis wir den Strand erreichen. Meistens sind wir dort ganz allein, nur in den Ferienzeiten treffen wir die eine oder andere 4×4-Familie. Die sitzt dann im Schatten ihres hohen Autos, packt ihre Anglerausrüstung aus, die bequemen Klappstühle, den Grill, die Kühlbox, das Radio, um die Rugbyübertragung zu hören, Kajaks, Lenkdrachen, Surf- und Boogieboards und alles, was man sonst noch braucht, um das Leben so richtig zu genießen. Die Ladefläche des Bakkies ist mit Matratzen ausgelegt, auf denen sich die Kinder tummeln und gemütlich schlafen können und während der langen Fahrten keinen Ärger machen, denn nicht selten kommen Familien für dieses einmalige Naturerlebnis die 1500 Kilometer aus Johannesburg angefahren. Der Südafrikaner scheut nämlich keine Strecke und verbringt viel Zeit auf den Straßen. Man tut sich daher schwer, einen zwei Jahre alten Gebrauchtwagen zu finden, der weniger als 100 000 Kilometer auf dem Tacho hat.

Auf den Straßen gelten die meisten Verkehrsregeln wie in Deutschland, außer dass Linksverkehr herrscht. Immer und überall. Daran gewöhnt man sich schnell im Stadtverkehr, doch wenn man auf eine leere Straße abbiegt oder aus einer Ausfahrt kommt, kann man es leicht vergessen. Deshalb empfiehlt es sich, einen kleinen Zettel mit dem Vermerk LINKS am linken unteren Rand der Windschutzscheibe zu befestigen. Das mag doof klingen, ist aber wirklich hilfreich und kann Leben retten. Als Fußgänger sollte man immer doppelt und dreimal schauen, bevor man eine Straße überquert.

In Städten und Wohngebieten gilt eine Geschwindigkeitsbegrenzung von 60, auf Landstraßen von 100 und auf Autobahnen von 120 Stundenkilometer. Wenn nicht anders angezeigt. Kaum jemand hält sich daran, auch wenn oft und gern geblitzt wird. Ähnlich wie in Deutschland. Eine Besonderheit in Südafrika: Viele Landstraßen haben einen Seitenstreifen, der mit einer gelben Linie abgetrennt ist. Der ist eigentlich für Fußgänger und als Pannenstreifen gedacht. Aber: Klebt einer hintendran, weicht man links auf diesen Seitenstreifen aus und gibt den Weg frei; als Zeichen des Danks schaltet der Überholer anschließend kurz seinen Warnblinker an, und man selbst antwortet mit der Lichthupe. Das ist eine ungeschriebene Regel und gehört zum guten Ton der Straße. Allerdings untersagen manche Transportunternehmen ihren Fahrern, auf den Seitenstreifen auszuweichen, worauf meist ein Aufkleber am Heck hinweist. Und generell ist es verboten, nach Einbruch der Dunkelheit auf den Seitenstreifen auszuweichen, um mögliche Fußgänger (oder Radfahrer ohne Licht) nicht zu gefährden.

Autobahnen unterscheiden sich von der Landstraße oft nur dadurch, dass sie ein wenig breiter oder zweispurig sind. Dafür ist man auf weiten Strecken, wie etwa durch die Karoo, oft für Stunden praktisch allein auf der Straße.

Abgesehen von grasenden Ziegen und Kühen am Straßenrand. In ländlichen Gegenden wie der Transkei ist es nicht empfohlen, nachts zu fahren, da nicht selten eine Kuh auf der Autobahn steht. Die Weiden sind oft nicht abgezäunt, und das Vieh wechselt frei von einer Seite der Fahrbahn auf die andere. Die *bullbars*, massive Metallgitter, die viele Bakkies vor ihrem Kühler befestigt haben, sind nicht nur dazu da, das Auto besonders eindrucksvoll aussehen zu lassen, sondern kommen tatsächlich hier und da zum Einsatz, wenn so ein massives Tier unerwartet im Weg steht. Doch nicht nur Kühe, sondern auch Hunde, Katzen oder Böcke geraten häufig vor die Räder. Selbst ganze Pavianfamilien findet man überraschend die Straße kreuzen, voran die großen Männchen, gefolgt von Kindern und Müttern, deren Babys auf dem Rücken sitzen oder am Bauch hängen. Doch die Affen sind viel zu schlau, um sich überfahren zu lassen.

Auch mit Menschen muss man überall rechnen. Wir haben einmal einen Mann erlebt, der, ohne nach rechts oder links zu blicken und ohne seinen Schritt zu beschleunigen, geradewegs über die Autobahn lief. Die Autos bremsten in letzter Minute, und er kam heil auf der anderen Seite an. Der Mann muss lebensmüde, verrückt, unter Drogen oder betrunken gewesen sein, aber es zeigt, dass notfalls doch gebremst wird.

An großen, viel befahrenen Straßenkreuzungen stehen meist junge Männer und wollen einem diverse Dinge verkaufen, während man an der roten Ampel steht. Meist haben alle dieselbe Ware: aus Draht und Perlen gefertigte Tiere, Steinschleudern, Staubwedel aus Straußenfedern bis zu lebensgroßen geschnitzten Holzgiraffen oder so praktische Dinge wie ein Sonnenschutz für die Windschutzscheibe oder Autoladegeräte für Handys. Es besteht absolut kein Grund zur Panik, und man muss nicht eilig die Scheiben hochkurbeln und starr nach vorn blicken, wenn sie einen ansprechen. Die Jungs sind professionelle Verkäufer und keine hartnäckigen Bettler oder durchtriebenen Bösewichte; ein freundliches Lächeln und deutliches Kopfschütteln geben ihnen zu verstehen, dass sie ihre Zeit mit einem nicht zu vergeuden brauchen, und manchmal findet man wirklich Schönes oder Nützliches unter diesen Angeboten. Die Verkäufer sind meist keine Einheimischen, sondern stammen aus den angrenzenden Ländern oder Mittelafrika.

Wenn man den Kapstädter Flughafen mit einem Leihwagen verlässt und sich auf der Autobahn (links!) stadtauswärts bewegt, wird man über Kilometer an endlosen Reihen von Holz- und Blechhütten entlangfahren, die durch einen massiven Zaun von der Autobahn getrennt sind: den Townships Gugulethu, Crossroads und Khayelitsha. Die elendsten Hütten stehen am nächsten zur Autobahn, und was man da zu sehen bekommt, vermittelt einen desolaten Eindruck.

Der Plan war, all die Menschen, die dort leben, bis zur WM 2010 in neu gebaute Wohnungen umzusiedeln, die ebenfalls entlang der Autobahn entstehen. Doch das Problem ist, dass jede Hütte, die jemand verlässt, sofort von jemand anderem in Beschlag genommen wird, der eine Unterkunft braucht, denn Südafrika hat nicht nur mit der Armut im eigenen Land zu kämpfen, sondern auch mit den unzähligen Flüchtlingen aus anderen afrikanischen Ländern, allen voran Simbabwe. Es ist ein Fass ohne Boden. Deshalb wurde es jetzt zur Bedingung, dass jeder, der ein Haus bekommt, erst einziehen darf, wenn er seine Hütte abreißt. Die Stahl- und Betonzäune, die verhindern sollen, dass die Menschen die Autobahn überqueren, sind an etlichen Stellen aufgebrochen, und viele nehmen das Risiko auf sich, mal eben auf die andere Seite zu laufen, um dort zum Beispiel einen Minibus zu erwischen, denn die Fußgängerbrücken liegen viele Kilometer auseinander.

Wenn man sich auf eine weite Strecke durch dünn besiedelte Landstriche macht, sollte man seinen Tank bei jeder Gelegenheit auffüllen, weil manchmal über 100 Kilometer keine Tankstelle mehr kommt. Auf solchen Reisen sollte man immer Bargeld bei sich haben, weil man an entlegenen Tankstellen fast nie mit Kreditkarte bezahlen kann. Das Tanken – egal, wo – übernimmt wie früher in Deutschland ein Tankwart, dem man eine deutliche Anweisung geben sollte, welche Form von Treibstoff man benötigt und für welche Summe man tanken möchte. Es schadet nicht, ein Auge auf der Anzeige zu halten, um zu überprüfen, ob die gefragte Menge tatsächlich im Tank landet. Meist wird die Scheibe geputzt, wenn man möchte, Öl und Wasser geprüft. Als Dank gibt man ein paar Rand Trinkgeld. Benzinpreise ändern sich jeden ersten Mittwoch im Monat. Am Tag zuvor kann man aus den Nachrichten erfahren, ob der Sprit teurer oder billiger wird.

Einen Ersatzreifen sollte man unbedingt immer dabeihaben, denn manchmal gibt es auf weite Strecken nur Schotterstraßen, und einen Platten holt man sich nicht selten. Manche haben sogar zwei Ersatzreifen dabei, was dem Paar geholfen hätte, das mit seinem neuen Jeep wenig Glück hatte auf der Schotterstraße mit spitzem Vulkangestein. Und wir selbst hatten nur noch einen intakten Ersatzreifen, weshalb wir langsam im Convoy zurück in die Zivilisation fuhren. Unterwegs mussten wir feststellen, dass wir alle es nicht bis zur nächsten Tankstelle schaffen würden, die weiter entfernt war, als wir dachten. Wir hielten an einem privaten Game Reserve an der Straße und fragten, ob man uns freundlicherweise ein paar Liter Diesel verkaufen würde. Südafrika ist ein Land der Improvisation, und die Menschen sind offen und hilfsbereit. Auch Farmen haben übrigens meist einen eigenen Dieseltank. Man kann jederzeit und überall um Hilfe bitten oder nach dem Weg fragen, und man wird überwältigt sein von der Hilfsbereitschaft und Freundlichkeit, besonders in den ländlichen Gebieten.

Vergeblich wird man nach Vorfahrtsschildern Ausschau halten. Die gibt es nämlich nicht. Wenn an einer Kreuzung kein Schild und keine Ampel steht (die hier im Übrigen *robot* heißt; wichtig zu wissen, wenn man nach dem Weg fragt und nach dem zweiten *robot* links abbiegen soll), kann man davon ausgehen, dass man Vorfahrt hat. Zur Sicherheit sollte man jedoch prüfen, ob die kreuzende Straße beschildert ist. Stattdessen gibt es sehr, sehr viele Stoppschilder. An fast jeder Kreuzung. Hält man an einer Kreuzung mit einem Stoppschild, unter dem eine Vier steht, handelt es sich um einen sogenannten *four-way stop*. Hier gilt die Regel: Wer als Erster an der Kreuzung war, fährt zuerst, wer als Nächster die Kreuzung erreichte, fährt danach usw. Steht eine Drei unter dem Stoppschild, muss man Ausschau halten nach der Straße, an der kein Stoppschild steht, und dieser absolute Vorfahrt gewähren. Danach gilt die oben beschriebene Regelung. Das klingt kompliziert, ist aber einfach, wenn man sich einmal daran gewöhnt hat.

Der deutsche Führerschein ist anerkannt, und Sven wurde sogar sein mehrmals gewaschener grauer Lappen von 1986 anstandslos zurückgereicht. Es sei jedoch empfohlen, einen internationalen Führerschein dabeizuhaben.

Sollte man aus welchen Gründen auch immer von der Verkehrspolizei angehalten werden, ist äußerste Höflichkeit angeraten, respektvolle Ansprache zum Beispiel mit *Sir* oder *Madam,* aufrichtige Reue und eine Entschuldigung mit dem Hinweis, dass man aus Deutschland kommt und mit manchen Regeln hier nicht vertraut ist. Das hat auch uns schon einige Strafzettel erspart, und die sonst Beschimpfungen gewohnten Verkehrspolizisten winkten uns jedes Mal verdattert weiter.

Man muss damit rechnen, dass andere Autofahrer die Regeln nicht kennen oder sich nicht daran halten und dass beim Abbiegen oder einem Spurwechsel ungern geblinkt wird. In Südafrika gibt es keine Zwangsversicherung, deshalb ist besondere Aufmerksamkeit erforderlich und auf jeden Fall eine Vollkaskoversicherung angeraten, denn wenn einem ein armer Schlucker in die Seite fährt, wird man die Reparatur selbst bezahlen müssen.

Oft sieht man Menschen am Straßenrand sitzen oder stehen. Diese warten meist auf ein Sammeltaxi, sind aber dankbar für kostenlosen Transport.

Anhalter erkennt man am ausgestreckten Zeigefinger, der nach unten (!) zeigt, manche halten zusammengerollte Geldscheine zwischen Zeige- und Mittelfinger der ausgestreckten Hand, und nicht selten hielten uns Anhalter beim Aussteigen einen Geldschein hin.

Viele Südafrikaner nehmen grundsätzlich keine Anhalter mit. Wir nehmen oft Frauen, vor allem welche mit Kindern, mit, die in der brütenden Sonne am Straßenrand stehen. Unser Rekord waren sieben Erwachsene und fünf Kinder plus ein Baby, das Elke auf dem Schoß hielt, in unserem alten 318er BMW Baujahr 1980 – allerdings nur für fünf Kilometer auf dem Weg nach Caledon.

Transport ist nicht einfach für die arme, überwiegend schwarze Bevölkerung, und teuer und mühsam. Oft sieht man Menschen am Straßenrand laufen und über Kilometer kein Zeichen menschlicher Siedlung. Es ist ein Rätsel, woher sie kommen und wohin sie gehen in dieser endlosen Weite. Manche müssen viele Kilometer entlang des gelben Streifens für eine Packung Toastbrot gehen, die eine ganze Familie für ein paar Tage ernährt.

Einmal hielten wir neben einer Frau auf einer einsamen Staubstraße mitten in den Bergen von Grabouw; kein Dorf, kein Haus und kein anderes Auto weit und breit, und da lief sie unter einem Regenschirm, der ihr als Sonnenschirm diente. Wir hielten an und fragten, ob wir sie mitnehmen könnten, was sie freudig bejahte. Wir fuhren mehr als 20 Kilometer bis zur nächsten Teerstraße, wo sie ausstieg und ohne jede Aufregung auf ein Sammeltaxi wartete.

Die Lokalzeitung von Hermanus berichtete einmal von der heldenhaften Fahrt einer jungen herzkranken Frau aus dem Township Zwelihle. Sie wurde eines Tages vom Barnard Memorial Hospital angerufen, dass ein passendes Spenderherz für sie bereit liege und die Operation für elf Uhr am nächsten Morgen angesetzt sei. Die junge Frau, die seit über einem Jahr im Bett lag, weil sie so geschwächt war, stand am folgenden Morgen sehr früh auf und nahm ein Sammeltaxi nach Kapstadt. Eine Fahrt von etwa 120 Kilometern. Dort musste sie umsteigen, um in die Innenstadt zu kommen. Als sie das Taxi verließ, war es zehn Uhr, und sie fühlte sich »sehr komisch«, ein Bein war gelähmt, und sie hatte noch einen halbstündigen Fußmarsch vor sich. Sie schleppte sich mit letzter Kraft ins Krankenhaus und kam gerade noch rechtzeitig für die Operation. Dafür besuchte sie der Provinzminister persönlich und gratulierte ihr zu ihrer übermenschlichen Zähigkeit, dank derer sie eine große Inspiration für alle sei.

Als unsere Freundin, die Leiterin des öffentlichen Krankenhauses, davon hörte, wunderte sie sich. Die Frau wäre selbstverständlich umsonst mit der Ambulanz transportiert worden, sie hätte nur anrufen müssen. Aber sie war es so gewohnt, sich allein durchzuschlagen, dass sie gar nicht erst auf die Idee kam.

Das öffentliche Verkehrswesen wurde größtenteils mit der Apartheid abgeschafft. Seitdem teilen sich private Taxiunternehmen das Geschäft, was vereinzelt zu blutigen Revierkämpfen führt: Dieser Taxikrieg wird wohl erst enden, wenn die Regierung den mafiösen Strukturen beizukommen versucht. Im Winter 2009 streikten die Taxifahrer in Kapstadt, fuhren laut hupend im Konvoi auf der falschen Straßenseite und blockierten den gesamten Stadtverkehr, weil sie die berechtigte Angst hatten, durch den Einsatz großer Busse bei der WM 2010 zu kurz zu kommen und ihr Geschäft zu verlieren.

Mit Taxi sind meist die Minibusse gemeint, häufigstes und allgemeines Transportmittel. Die kleinen Busse haben schwarz getönte Scheiben und Namen. Auf unserer täglichen Strecke verkehrt einer mit orangeroten Flammen auf schwarzem Hintergrund, der sich *The Raider* nennt. Ein anderer hat Denzel Washington auf der Motorhaube und den Filmtitel »John Q«.

Die Taxis sind für ihre Fahrweise berüchtigt. Da für die Taxifahrer jede Tour zählt, ist Zeit Geld, und sie lassen sich durch nichts aufhalten. Sie drängeln, fahren illegal auf Seitenstreifen und nehmen jede Lücke wahr. Dieses Fahrverhalten, das sie so berüchtigt für alle anderen Autofahrer macht, kommt den Fahrgästen zugute, die kein schnelleres Verkehrsmittel wählen könnten. Neulich beobachteten wir den *Raider*, wie er das Stoppschild auf der Landstraße überfuhr, die wegen einer Baustelle wechselweise nur einspurig befahrbar war. Der *Raider* raste mit Höchstgeschwindigkeit auf den Gegenverkehr zu, der erst in letzter Minute aufgehalten werden konnte.

Jeder Platz im Taxi wird genutzt, die Busse sind immer randvoll, und die Geduld der Fahrgäste ist bewundernswert, die manchmal über Tage hinweg eingequetscht in den Autos stecken, wenn sie von Kapstadt zurück in die Heimat, die ehemaligen Homelands, fahren. Wenn wir diese Busse in der Ferienzeit vollbepackt an der Tankstelle stehen sehen, sind wir immer beeindruckt, wie gut gelaunt die Insassen herausschauen.

Ndumiso Ngcobo gibt in seinem Buch »Some of My Best Friends are White« einen sehr aufschlussreichen und humorvollen Einblick in die moderne Zulu-Kultur und das Taxiwesen. Er schreibt, seine zwei größten Ängste sind, ins Gefängnis zu kommen, weil eine 159 Kilogramm schwere Bestie namens Godoba unter der Dusche Gefallen an ihm finden könnte, und jemals wieder ein Sammeltaxi benutzen zu müssen. Um Zweiterem zu entgehen, würde er sogar das Gesetz überschreiten und riskieren, ins Gefängnis zu kommen.

Eine der Regeln im Minibus ist: Wer einmal drin ist, bleibt drin. Das Taxi fährt erst, wenn es voll ist. So kann es vorkommen, dass wartende Passagiere bei 40 Grad Hitze auf unbestimmte Zeit im Bus garen müssen, anstatt auszusteigen, sich die Beine zu vertreten und im Schatten zu warten. Ngcobo beschreibt eine Szene, in der eine Frau in Krankenschwesternkleidung, die lange im Taxi gewartet hatte und zu spät in die Arbeit zu kommen drohte, das Taxi verließ, um sich von ihrem Mann, den sie angerufen hatte, abholen zu lassen. Der Taxifahrer lief ihr hinterher und befahl ihr, wieder einzusteigen. Als sie ihm das Geld gab, das die Fahrt gekostet hätte, schlug er es ihr aus der Hand, sein Kumpel bedrohte den Ehemann, der ihr zu Hilfe kommen wollte, mit einer Pistole, und der Taxifahrer schleppte die Frau zurück in sein Taxi. Wer erst einmal in einem Taxi sitzt, hat laut Ngcobo alle seine Persönlichkeitsrechte aufgegeben und sich ganz der Willkür und Herrschaft des Fahrers und Besitzers ausgeliefert.

Unsere Freundin Olga aus Kapstadt legt es gern darauf an zu testen, wie weit sie mit fünf Litern Benzin kommt, obwohl sie als Anwältin gut verdient und ihr Auto jederzeit volltanken könnte. Vielleicht ist das auch nur eine Form von Abenteuerlust und Risikofreude, das sei dahingestellt, doch es geschieht ihr hin und wieder, dass sie »überraschend« liegen bleibt und mit einem Sammeltaxi zur Arbeit fahren muss. Sie hat die Minibusse sogar über Monate hinweg genutzt, keinerlei schlechte Erfahrung gemacht, sondern im Gegenteil die Fahrten (vielleicht weil sie sehr kurz sind) sogar genossen.

Olga sagt, wenn du es eilig hast, morgens zur Arbeit zu kommen, lass dein Auto stehen und nimm ein Taxi, dann wirst du garantiert pünktlich sein und nicht im Verkehr stecken bleiben, der wie in allen großen Städten zur Rushhour zäh ist. Während Weiße für Überlandstrecken so gut wie nie Sammeltaxis nutzen, sieht man sie in Kapstadt nicht selten in tadellos gebügelten Anzügen und eleganten Kostümen aus einem Minibus steigen.

Es gibt außer den Endhaltestationen keine ausgewiesenen Haltestellen. Man muss herausfinden, an welcher Stelle der Straße man auf ein Taxi warten muss.

In allen Städten gibt es natürlich auch normale Taxis, mit einem Schild auf dem Dach und einem Taxometer, doch die sind verhältnismäßig teuer und nur für Stadtwege zu gebrauchen.

Eigens für Touristen gibt es die *Baz Busse,* die eine festgelegte Route fahren mit Stopps an einschlägigen *backpackers,* im Allgemeinen günstigen und guten Alternativen zu den teureren Gästehäusern und B&Bs, wenn man gern in Gesellschaft junger Menschen ist, die bis spät in die Nacht trommeln und feiern.

Es gibt ein paar Zuglinien, zum Beispiel von Kapstadt nach Johannesburg, doch die beste und zuverlässigste Weise, unabhängig in Südafrika zu reisen, ist das Auto. Leihwagen erhält man unkompliziert an jedem Flughafen unter Vorlage von Führerschein und Kreditkarte. Auch Frauen können unbesorgt allein durch das Land fahren.

Sich auf die Straßenbeschilderung zu verlassen ist selbst bei geraden und einfachen Strecken nicht ohne Risiko, deshalb ist eine Straßenkarte unbedingt notwendig. Wir sind bei unserem ersten Besuch auf dem Rückweg zum Flughafen tief in einem Township gelandet, was uns heute nicht mehr in Panik versetzen würde, damals sehr wohl, zumal jeder Versuch hinauszukommen uns nur tiefer hineinbrachte. Das ist uns mehrmals passiert, und immer haben uns freundliche Menschen den Weg gewiesen. Es ist anzuraten, im Zweifelsfall auf der Autobahn zu bleiben. Auch sollte man darauf vorbereitet sein, dass ein Wegweiser manchmal erst direkt an der Ausfahrt steht und nicht etliche Hundert Meter davor.

Bleibt noch das Parken in der Stadt. In der Zeit von morgens bis meist fünf Uhr nachmittags ist das Parken gebührenpflichtig. Ein *park attendant* mit einer neonfarbenen Weste wird wissen wollen, wie lange man vorhat zu parken. Auf einem Gerät, das er – oder sie – um den Hals trägt, vermerkt er die Parkzeit und liest die Gebühren ab. Parkt man außerhalb dieser Zeit oder auf gebührenfreien Parkplätzen, gibt es immer einen Parkwächter, ebenfalls in neongelber Weste, der sich vorstellt und verspricht, auf das Auto aufzupassen, wofür man ihn mit einem freiwilligen Betrag (etwa zwei bis fünf Rand) entlohnen sollte. Diese Parkwächter werden einem auch einen freien Parkplatz zuweisen, wobei man sich nicht darauf einlassen sollte, an illegalen Plätzen zu parken, selbst wenn da bereits andere Autos stehen, wie es unsere Freundin Danika in Kapstadts City Bowl tat. Nach dem Konzert musste sie feststellen, dass ihr Auto nicht mehr da war. Glücklicherweise nicht gestohlen, sondern abgeschleppt, wie alle anderen, die auf dem Mittelstreifen geparkt hatten. Das Auto auszulösen war teuer, und als sie sich darauf hinausreden wollte, dass ihr ein Parkwächter diesen Platz zugewiesen hatte, lachte man sie nur aus.

Bis auf ein paar Einkaufsstraßen sind die Städte kein Raum, in dem man sich zu Fuß bewegt. Die Kapstädter Innenstadt macht da eine Ausnahme. Nachts sollte man unbelebte Straßen meiden oder sich im Hotel beziehungsweise seiner Unterkunft erkundigen, wie sicher es ist. Die Sicherheit auf den Straßen wächst, ist jedoch von Ort zu Ort sehr unterschiedlich.

Wenn man nachts oder tags Kapstadts Long Street entlanggeht oder in einem der Restaurants in Joburgs Stadtviertel Melville isst, wird man sich sicher fühlen und den

Eindruck einer lebendigen Großstadt bekommen, die sich nicht viel von anderen Metropolen unterscheidet. Das Straßenbild ist gemischt, Schwarz und Weiß sitzen gemeinsam an Tischen und in den Lokalen. Apartheid scheint an diesen Orten überwunden. Doch Südafrika ist vielschichtig, und man kann so wenig eine allgemeine Regel aufstellen, wie man voraussagen kann, ob es am nächsten Tag windet oder regnet. Meistens scheint die Sonne, egal ob Wind oder Regen. Dessen kann man sich fast sicher sein.

Lekker Kos:
Heimat geht durch den Magen

Wie in allen Ländern mit großer Lebenslust wird in Südafrika gern und ausgiebig gegessen. Stundenlang kann man um ein Feuer sitzen, essen, trinken und sich unterhalten, was, wie in der burischen Farmertradition unseres Freundes Andries, zu sechs Mahlzeiten am Tag führen kann. Snacks zwischendurch nicht gerechnet.

Schon die Khoi und San hatten ihre Spezialitäten. Landeinwärts aßen die Buschleute neben Rind, Böcken aller Art, wildem Spargel und Spinat in Schaffett knusprig gebratenen Kohl. Ihre Verwandten am Meer, die *Strandloper* (Strandläufer), die in Sandsteinhöhlen entlang der Ufer wohnten, pflückten frische Miesmuscheln von den Felsen, Langusten aus den Buchten, jagten Robben, schlürften wilde Austern und kauten auf Seetang und dem zähen Fleisch der Perlemoen-Muschel, die heute einer der teuersten Exportartikel Südafrikas ist.

Genuss und Arbeit gehen in Südafrika Hand in Hand, und Essen ist fast immer gleichzusetzen mit Geselligkeit. Essen wird zelebriert. Fragt man Jugendliche, was sie werden wollen, antworten viele *chef*, also Koch. Das erklärt sich spätestens, wenn man wie in unserem Dorf überall Schilder zu kleinen und großen Restaurants sieht. Manche öffnen nur mittags und am Wochenende, andere haben nur zwei Tische und acht Teller. Man kann sich auch einen Koch wie unsere Freundin Liesje bestellen, die für wenig Geld beim Auftraggeber zu Hause kocht und den Gästen auftischt, von grünem Curry bis zu Lamm mit Chilischokoladensoße.

Kochen war eine der für uns unerwarteten Leidenschaften der Südafrikaner. Dass wir von der reichen Küche überrascht waren, liegt an unseren Vorurteilen. Was kann man schon von einer holländisch und englisch beeinflussten Küche erwarten, noch dazu wenn man eine schwarze Mama gekochte Hühnerfüße, grellorangene Erdnussflips und andere Knabbereien mit Geschmacksverstärker an Schulkinder verkaufen sieht? Südafrika hat zwar keine der großen Weltküchen, aber das Essen ist großartig und Essengehen günstig.

Südafrikanisches Essen ist sehr fleischlastig. Vegetarier werden zwar in diesem Land nicht verhungern müssen, doch ein Großteil der Freuden wird ihnen entgehen. Es sei denn, sie sind Fischesser, denn Fisch gibt es ebenfalls reichlich.

In Restaurants wird oft ein *linefish* angeboten. Das ist keine einheimische Fischart, sondern ein mit der Angelschnur gefangener *catch of the day* (Fang des Tages) und damit der frischeste Fisch auf der Karte. Frisch heißt in Südafrika übrigens nicht wie bei uns oft »nur vier Tage alt«. Sehr beliebte und schmackhafte Fische sind der *Cape Salmon,* ein Fisch mit zartem weißem Fleisch, *Kob* (Kabeljau) und *Yellowtail,* ein köstlicher Thunfisch mit festem Fleisch, der sich bestens zum Grillen eignet.

Neben der mit Koriander gewürzten Boerewors ist eines unserer Lieblingsgrillgerichte der Yellowtail. Unser Nachbar Robert hat uns in die besten und simpelsten Rezepte eingeweiht. Ein kaltes Windhoek Lager im lauen Abendwind köpfen, eine Yellowtail-Hälfte mit Butter und Knoblauch einstreichen und grillen. Als Vorspeise selbst gefangene Langusten, mit Salz und Zitrone oder Mayonnaise serviert.

Fertig zubereiteten Fisch gibt es außer in Restaurants auch in Fish 'n' Chips Shops, wie man sie aus England kennt. *Vis en skyfies* (Fisch und Scheibchen) bestellt man auf Afrikaans. Wer an den *Slap Chips,* die wie die englischen Pommes schlapp und hell sind und mit Essig und Salz gewürzt werden, keine Freude hat, kann sie *crisp* bestellen, richtig knusprig werden sie aber auch dann nicht sein. Dazu gibt es *Snoek* (»Hechtmakrele«), ein barracudaartiger Raubfisch mit festem Fleisch, der so manchem Fischer schon einen Finger abgebissen hat, zarten *Hake* (Seehecht) oder Calamari in Panade frittiert. Ein öliges, aber solides Essen in der Seeluft, die hungrig macht. Es hat eine Weile gedauert, aber inzwischen lieben alle in unserer Familie schlappe Pommes mit Salz und Essig und frittierten Fisch.

Kingklip ist ein anderer südafrikanischer Fisch. Groß und aalförmig, liegt er mit rosa Haut in den Auslagen der Fischgeschäfte und ist wie viele andere Fischarten eine Delikatesse und leicht zu grillen.

Wer Muscheln mag, hat in Südafrika Glück. Schöne Miesmuscheln wachsen an vielen Felsen am Wasser. Die größeren (ab ca. zehn Zentimeter) darf man vorsichtig pflücken (falls nötig, verkauft das Postamt für wenige Euro Lizenzen dafür). Wir essen sie mit Spaghetti, Tomaten und Petersilie oder schlicht mit Tabasco und Zitrone.

Wer mehr wagen will, folgt den Fischern, die bei Ebbe mit komischen Fußbewegungen in der Brandung stehen und im Sand nach weißen Muscheln suchen, die sich der Hand geschickt entziehen. Ein beliebtes Gericht bei den Coloureds, die sie auch für die sehr leckeren Fischküchlein *(fish cake)* verwenden. Mit Taschenmesser und Zitrone in der Hand, essen wir sie roh wie Sushi.

Trotz der Fülle im Meer waren wir als Angler nie wirklich erfolgreich. Jedenfalls nicht, was Fische und das Angeln vom Ufer angeht.

Sogar mitten im alten Hafen von Hermanus warfen wir unsere Köder aus und hatten zu unserem Bedauern nie einen Snoek oder Yellowtail an der Angel, sondern jedes Mal einen fetten *Crayfish* oder *Rock Lobster.* Diese Felsenlangusten haben keine Scheren, aber wie der Hummer einen starken Schwanz. Sobald die gierig an unseren Fischresten hängenden Langusten die Wasseroberfläche sahen, schlugen sie mit den Schwänzen aus, und unsere billigen Angeln bogen sich bedrohlich nach unten. Mit etwas Geschick bekamen wir sie an Land, wo sie von Touristen bejubelt wurden.

Tag für Tag kamen wir mit der schlechten Nachricht nach Hause, dass wir schon wieder keinen Fisch, sondern nur Langusten gefangen hatten, bis zu acht davon, mehr nie, denn als gute Deutsche hielten wir uns an die Regeln und hatten für umgerechnet acht Euro einen Langustenangelschein im Postamt gekauft.

Die erst braunen und nach kurzem Kochen roten Langusten sind eine Delikatesse, an der wir uns in den Sommermonaten um Weihnachten fast überfraßen. Bis wir herausfanden, dass wir jeden Tag nicht nur in einem Schutzgebiet, sondern in einem *sanctuary* geangelt hatten, einem Übersuperschutzgebiet. Wegen Perlemoen- und

Langustenwilderei in großem Stil sind die Strafen hart. Man darf weder die fast ausgestorbene Perlemoen berühren – auch nicht versehentlich beim Schwimmen – noch eine minderwüchsige Languste mitnehmen. Überhaupt, Langusten nur da und hier und dort und nur zwischen acht und fünf Uhr fischen usw. Die genauen Bestimmungen kennt keiner so genau.

Unser Freund Robert fängt die Langusten auf korrekte Weise, nicht wie andere faul mit Netzen vom Boot aus, sondern taucht sie heraus. Das heißt bei sonnigem Wetter und nicht zu hohem Wellengang in bis zu vier Meter tiefem (und eiskaltem) Wasser die Langusten an ihren Fühlern aus ihren Höhlen ziehen, während schwere, armdicke Kelpalgen über einem den Weg zur Oberfläche versperren. Eine Erfahrung, die Sven nicht so gern wieder machen will. Vor allem die Krustentiere aus ihren Verstecken zu locken ist eine Kunst für sich. Gegen Abend wärmen sich die Taucher am Feuer mit Old Brown Sherry auf, einem billigen, aber köstlichen Süßwein, und bereiten das Essen vor.

Duncan ist ein typischer Vertreter dieser südafrikanischen Lebensart, er erjagt sein Essen gern. Nur wenige sind so kundig wie er. Er harpuniert Thunfisch und lässt sich fast mit dem Boot in die Tiefe ziehen von den mannsgroßen Biestern. Er taucht stundenlang mit der Harpune zwischen Haien oder sucht zu Fuß nach Perlhühnern, obwohl er sie wie der Farmer aus dem Auto heraus schießen könnte. Und er erlegt Spring- und andere Böcke mit einem Präzisionsbogen. Duncan jagt mit größter Umsicht, Rücksicht und größter Freude. In seinem Blut steckt, was bei uns längst viel zu verdünnt ist: der Jäger.

Nicht selten sieht man in den traditionell afrikanischen Stammesgebieten Männer mit Stöcken und Buschmessern im Wald nach Perlhühnern, Hasen und Schlangen jagen. Die wahren Meister der Jagd aber üben ihre Kunst seit Langem nicht mehr aus. Die Buschmänner schossen mit Giftpfeilen, die so fragil waren, dass das Wild lediglich ein Jucken spürte und beim Kratzen die Pfeilspitze weiter ins Fleisch trieb. Viele Stunden und Kilometer später war das Wild dann zu schwach, um sich gegen die Keulen der ausdauernden Jäger zu wehren.

Jagen ist in Südafrika noch wenig reguliert, aber man sollte sich immer an einen Jäger vor Ort halten, wenn man sein Essen selbst erlegen will. Sehr viele Tierarten stehen unter Schutz. Zum Abschuss frei stehen dafür viele fremde Tiere, die hier gut gedeihen. Einige Farmer am Kap zum Beispiel freuen sich, wenn man einen der wilden Hirsche erlegt, deren Vorfahren unvorsichtigerweise von jemandem mit einer Sehnsucht nach Europa eingeführt worden waren.

In Südafrika hat Jagen etwas sehr Bodenständiges. Der Respekt vor der Kreatur ist hoch, und so wundert man sich hier über die absurden Fuchsjagden des englischen Adels oder die kulinarische Gier vogelfangender Italiener.

Ein Braai fehlt in keinem Haus, und meist bestimmt er die Küche; nicht nur die burische, wo *Vleis en Ardappels* (Fleisch und Kartoffeln) die Grundnahrung stellen.

Fleisch gibt es vom Rind, vom Schwein, vom Lamm, Huhn, Kudu oder Strauß. Straußensteaks sind wunderbar zart, aber es empfiehlt sich, sie einige Stunden in Papaya einzulegen, um den leichten Lebergeschmack zu nehmen, der nicht jedermanns Sache ist. Wie der Strauß ist auch das Rind in so einem weiten Land frei laufend und sein Fleisch unvergleichlich besser als deutsches.

Absurderweise aber kommt viel Huhn immer noch aus Fabriken wie der in unserer Nähe, wo es an Platz nicht mangelt und die mitten in einem Naturreservat liegt.

Man kann es gar nicht oft genug erwähnen: Die geringelte Boerewors darf auf keinem Grill fehlen. Sie ist das Schweinswürstel des Landes, für manchen europäischen Gaumen vielleicht zu fettig. Es gibt sie dick und dünn in allen möglichen Geschmacksrichtungen, oft neben Koriander mit Fenchel oder Kümmel gewürzt. Der Südafrikaner vermeidet, sie zu lange zu grillen und einzustechen, damit sie schön saftig bleibt.

Köstlich ist diese Wurst auch getrocknet. Dann heißt sie *Droewors,* Trockenwurst, und liegt oft an Supermarktkassen und in jedem kleinen Laden aus, als Snack für zwischendurch. Genauso wie Biltong, getrocknetes Fleisch. Ebenfalls von den Trekburen erfunden, um das Fleisch für die langen Reisen zu konservieren.

Biltong gibt es abgepackt oder lose, mit Chili- oder Barbecue-Geschmack und in jeder nur erdenklichen Form und Konsistenz. Es gibt eigene Läden, in denen nur Biltong und getrocknete Wurst verkauft werden, und man sollte das Land nicht verlassen, ohne beides probiert zu haben. Wir gehen kaum an einem solchen Laden vorbei, ohne eine Tüte Biltong zu kaufen und sofort zu essen.

Geht man in einen *Vleispalas* (Fleischpalast) oder *Droeworswinkel* (Trockenwurst-Eckladen), bestellt man Biltong für eine bestimmte Summe, sagen wir 20 Rand. Die Verkäuferin wird fragen, wie man es gern hätte, und man sagt mit oder ohne Fett, rot, weich, trocken oder hart, dünn oder dick geschnitten. Dann wird sie ein Stück Fleisch von der Decke nehmen, das aussieht wie ein dunkles Stück Treibholz, durch eine Art Fleischwolf schieben und einem eine Tüte voll köstlichem, fein geschnittenem Biltong überreichen. In Küstenorten gibt es sogar Hai-Biltong, das hart und salzig ist.

Eine andere Spezialität, die man überall findet, ist der Pie, ein mit Fleischstückchen gefülltes Blätterteigtörtchen. Hier sollte man nach hausgemachten Ausschau halten, die vor allem in den sogenannten *Farmstalls* (Hofläden) verkauft werden. Ein guter Pie ist saftig wie Gulasch und schmeckt am besten mit Springbok- oder Kudufleisch gefüllt.

Farmstalls stehen überall entlang der Straßen. Sie sind ein hervorragender Ort, um zu essen und lokale Produkte einzukaufen. Von selbst gemachtem Ingwerbier (ohne Alkohol) über Marmeladen und Chutneys, Obst und Gemüse, Biltong und Droewors zu köstlichen Backwaren wie Pies und Quiches; oder Milktart, eine weitere Spezialität, die am besten warm schmeckt. Die Milktart ist ein flacher Kuchen mit einer Art Vanillepuddingfüllung, aber das beschreibt es höchst unzulänglich. Eine andere köstliche süße Schweinerei sind *Koeksisters*: in Fett ausgebackene und vor Zucker tropfende, gedrehte Teigrollen, die wir lange vermieden haben, die aber ganz hervorragend zu Kaffee oder Tee schmecken.

Eine weitere Spezialität »von Muttern« ist der *Rostekoek*, Teig, der auf dem Grill zum Brötchen gebacken, dann gebuttert, mit Aprikosenmarmelade bestrichen und mit Käse belegt wird.

In Dassies Fontein, einem Farmstall bei Caledon, werden Rostekoeks wie Brot in einem gemauerten Ofen gebacken, noch heiß aufgeschnitten, mit einer hausgemachten gegrillten Boerewors belegt und mit gerösteten Zwiebeln sowie auf Wunsch mit Mango-Chutney auf die Hand serviert.

Was man immer findet bei den Burenfamilien, ist frisches, selbst gebackenes Brot, das mit Butter und Aprikosenmarmelade zum Fleisch serviert wird. Sogar bei einem stundenlangen Festmahl im Strandlopers, einem Restaurant in Langebaan an der Westküste, unter freiem Himmel durfte zu Muscheln, Langusten, Sardinen, Makrelen und Weißwein ein ofenfrisches Brot mit süßsaurer Aprikosenmarmelade nicht fehlen.

Wie Leben und Essen wirklich aussehen müssen, zeigt die Familiengeschichte unseres Freundes Andries, in sechster Generation Farmer in der Gegend um Hermanus. Sein südafrikanischer Stammbaum reicht weit zurück, bis zum 6. Mai 1689, als die drei Brüder de Villiers aus La Rochelle am Kap ankamen. Den Hugenotten ist es übrigens zu verdanken, dass aus dem Essig der ersten Kelterversuche am Kap annehmbare Weine wurden.

Die de Villiers von Paardenberg (Pferdeberg) im Pappiesvlei (Marschland der Schmetterlingsraupen) hatten immer den Ruf besonderer Gastfreundschaft. Den ganzen Tag über brannte der große *Aga* (ein mit Anthrazit beheizter Ofen) in der Küche, der jederzeit Essen für Besucher und Handelsreisende bereithielt. Es gab täglich sechs statt der üblichen drei Mahlzeiten. Frühstück mit Eiern, Speck und Kaffee; *Elevenses* (um elf, wie der Name sagt) mit Biltong, kaltem Fleisch, Brot und Marmelade; mittags kam Wurst, Lammeintopf oder Stachelschwein-Pie auf den Tisch, immer mit dem berühmten *baked pudding* (ein süßer Auflauf); um drei Uhr dann Kaffee mit *rusks* (zwiebackartiges Gebäck, das in den Kaffee getunkt wird) und *biscuits;* High Tea um fünf, nach englischer Tradition mit kalten *meatpies, meatballs* (Fleischbällchen) und was vom Mittagessen an Salat und »Pudding« übrig war. Und schließlich ein anständiges Abendessen, das größte

Mahl des Tages, bei dem gegrilltes Schaf oder Rind, Kürbis- und Kartoffelgemüse, im Ofen gegart, *Bobotie* und vieles mehr serviert wurde.

Indische, malaiische, afrikanische und burische Küche gehen oft Hand in Hand. Das Bobotie ist eine Verbesserung des englischen *Shepherds Pie*: Hackfleisch mit Kümmel, Koriander, Kurkuma, Chutney, Mandeln, Rosinen, Knoblauch, Pfeffer und obenauf einer Schicht Ei. Es wird mit Reis, klein gehackten Zwiebeln, frischen Gurken und Tomaten sowie diversen Chutneys serviert. Man findet es auf fast jeder Speisekarte.

Der asiatische Einfluss kam nicht nur durch die Sklaven und Einwanderer, sondern auch durch die Holländer, die in ihrer javanischen Kolonie auf den Geschmack gekommen waren. Gebratene *Sosaties,* Fleischspießchen, in Curryblättern und mit Tamarindensoße mariniert, gehören ebenso zur täglichen *Kos* (Kost) wie süß gekochter Kürbis mit Zimt als Beilage.

Die *butternut*, eine Kürbisart, sieht man überall in Südafrika und gehört zu fast jedem Essen. Auf dem Samstagsmarkt bei uns gab es eine Frau, die in Fett ausgebackene und in Zimt und Zucker gewälzte Kürbisröstis verkaufte und meist schon nach einer Stunde ihren Stand abbaute, weil sie ausverkauft war.

Eine Frau, die vom Free State jeden Samstag bis nach Pretoria auf den Farmersmarkt fuhr, brachte ihre drei Kinder mit selbst gebackenen *Vetkoek* durch die Universität: krapfenartige, in Fett ausgebackene Brötchen, die mit Hackfleisch gefüllt (*Vetkoek with mince*) oder mit Marmelade gegessen werden.

Ein anderer sehr beliebter Stand ist der eines stets schlecht gelaunten Malaien, der spätnachts scharfe *Boerwors Rolls* in der Long Street in Kapstadt verkauft. Vier Frauen helfen ihm, die Wurst im Brot an die ausgehungerten Nachteulen zu verkaufen. Der größte Teil seines fahrbaren Standes sind Töpfe und Flaschen, aus denen man sich eine Unzahl von scharfen und milden Chutneys aufladen kann, Harissa-Paste, Zwiebeln, Gurken, Knoblauchsoße, Humus und weiß der Teufel. Meistens brennt einem danach so der Mund, dass man noch eine essen muss.

Ganz anders isst es sich im schwarzen Südafrika. Zwar wird hier auch gegrillt, aber in der traditionellen Küche werden vor allem Innereien, Bohnen und Mais gekocht. Man findet solche Gerichte selten auf Speisekarten, eher in Familienküchen.

Ein Gericht, das von der Kirche mittags an der Grundschule des örtlichen Township an die Kinder ausgegeben wird, ist eines von Svens Lieblingsgerichten. *Umngqusho* oder *samp and beans,* weißer Mais und Zuckerbohnen mit Fleisch- oder Sojabrühe aufgekocht, dazu gedünsteter wilder Spinat. Das ist auch das Gericht, das die Xhosa-Kinder lieben, nachdem man ihnen davor vergeblich Spaghetti, Rindersuppe und belegte Brote vorgesetzt hatte.

Wenn man durch Südafrika fährt, wird einem auffallen, dass fast die Hälfte allen Agrarlandes mit Mais bepflanzt ist. Mais, den schon die Zulu, Sotho, Tswana und Swazi angebaut haben. In ländlichen Gebieten gibt es an der Straße oft geröstete Maiskolben, *millies,* zu kaufen, während das Maismehl in keiner Küche fehlt. Auf der Zugfahrt von Kapstadt nach Johannesburg isst man im Bordrestaurant dicke Maismehlsuppe zum Frühstück. Maismehl wird auch als *dumplings* (Klöße) in Fett ausgebraten, zu Sauermilch-Porridge gemacht, mit Sorghum und Hefe zu *umqombothi* (Maisbier) gebraut oder mit Wasser und Mehl zum Fermentieren gebracht für *mageu,* ein erfrischendes Getränk, das man in fast allen ländlichen Supermärkten neben der Milch findet.

Überall in Südafrika wird man auf *phutu* oder *krummelpap* stoßen, zu dickem Brei gekochtes Maismehl (*mieliepap*), ähnlich der Polenta – Nahrungsgrundlage der armen Leute und angeblich staatlicherseits mit Vitaminen angereichert.

Die afrikanische Küche zeugt vor allem von Einfallsreichtum, was die Nahrungsbeschaffung angeht. Nichts wird verschwendet, und so findet man in Townships und Dörfern eine Delikatesse, die *smiley* genannt wird. Schafskopf, im Feuer gebacken. Die Haut verbrennt, die Zähne lächeln, der Gast darf die Augen auslöffeln, und das Gehirn soll ein Genuss sein.

Nicht zu verachten sind auch Termiten, Heuschrecken und vor allem Mopane-Raupen, die getrocknet und dann entweder gegrillt oder in den Topf geworfen werden. Wie Termiten in Erdnusssoße schmecken, wissen wir nicht wirklich, und auch Heuschrecken haben wir nie vorgesetzt bekommen, dafür aber die Raupe vom Mopane-Baum. Eine Spezialität im Norden bei den Venda, Tsonga und Pedi sowie in Botswana und Simbabwe, die man sogar in Restaurants und Bars bekommt. Geröstet schmecken die Raupen überraschend nussig und angenehm. Als wir nach mehr fragten, war nichts mehr übrig.

Was wir allerdings in unseren bisher fünf Jahren Südafrika noch nie zu Gesicht bekommen haben, ist der berühmte *rooibos* (Rotbusch), die Grundlage des Nationalgetränks Rooibostee, der in alle Welt exportiert wird. Entweder wächst er so unauffällig, dass wir ihn nicht erkennen (man kann auch nicht sagen, dass wir aktiv nach ihm Ausschau gehalten hätten), oder in Gebieten, die wir bisher weder befahren noch betreten haben – so dachten wir zunächst. Bis wir erfuhren, dass der Rooibos tatsächlich nur in der Cederberg-Gegend nördlich von Kapstadt wächst. Auch die frühen Siedler kamen erst auf den Rooibostee, als ihnen der teure schwarze Tee aus Asien knapp wurde und sie Einheimische den Rotbusch ernten sahen.

Der Rooibos ist ein gutes Beispiel für den weltweit absurden Streit um Namens- und Patentrechte. Südafrika hat den Rooibos erst seit 2008 geschützt, nachdem eine amerikanische Firma jahrelang die Händler mit Patentansprüchen behindert hatte.

Was die Cederberge betrifft, planen wir seit fünf Jahren, mit Freunden dort in der wilden Natur Urlaub zu machen, wo man angeblich herrlich wandern und alle naslang in glasklare Felsenteiche springen kann. Aber ein innerer Widerstand gegen Camping und andere Umstände haben bisher unsere Pläne jedes Jahr durchkreuzt. Nach einem letzten Anlauf, der ebenfalls gescheitert war, fanden wir heraus, dass der coole Campingplatz, den angeblich kaum einer kennt, allein an Ostern 1000 Camper um die sonst einsamen Felsenbecken mit kühlem Quellwasser versammelt. Vielleicht eine Warnung an alle, die von garantiert einsamen und von Einheimischen geliebten Orten als Geheimtipp erfahren.

Blink Toekoms:
Vom Trinken und Genießen

Der Amerikaner PJ O'Rouke fasste seinen ersten und bisher letzten Eindruck des Landes so zusammen: »Ich blieb einen Monat in Südafrika, reiste 5000 Kilometer, sprach mit Hunderten von Leuten und kann genau zwei Worte dazu sagen: Alle besoffen.«

Ganz so schlimm ist es nicht, aber das kalte Bier, der süffige Wein und der Brandy in der Cola gehören dazu wie der Bakkie und der Braai. Man wird häufig vergeblich nach einem Buchladen suchen, einen Liquorstore aber findet man immer.

Sonntags und an Feiertagen darf in den Geschäften kein Alkohol verkauft werden. Wer dann überraschend Durst auf ein Bier bekommt, muss es in einem Lokal konsumieren. Sven fuhr einmal samstagabends zum Pub, um Bier für uns zu kaufen, und kam mit vier geöffneten Dosen zurück, da das Bier nicht geschlossen über den Tresen gehen darf. Wer glaubt (wie wir), das Gesetz umgehen zu können, und am Sonntag eine Flasche Wein im Supermarkt aus dem Regal greift, wird spätestens an der

Kasse eines Besseren belehrt. Dieses Gesetz hat man sich ausgedacht, um den Alkoholkonsum an den Wochenenden zu drosseln, was aber gerade die entschlossenen Trinker nicht abhalten kann, die man ab Freitagnachmittag, nachdem es den Wochenlohn gegeben hat, vor und in den Liquorshops Schlange stehen sieht, um den Fusel gleich schubkarrenweise nach Hause zu fahren.

Auf dem Land in der Kapregion sind viele Coloureds unter den Farmarbeitern dem Alkohol verfallen. Ab Freitagnachmittag wird getrunken. Sonst friedliche Männer verprügeln ihre Frauen, andere liegen in den Straßengräben, weil sie im Vollrausch den Weg nach Hause nicht mehr geschafft haben. Ähnlich wie bei den Indianern, den Inuit und den Aborigines scheint bei den Nachfahren der südafrikanischen Ureinwohner eine genetische Disposition zugrunde zu liegen, die sie den Alkohol weniger gut vertragen lässt.

Eine Ursache, die zur Alkoholabhängigkeit einer ganzen Bevölkerungsgruppe führte, ist das sogenannte *Dop System*. In den Anfangsjahren der Kolonialisierung wurde die einheimische Bevölkerung von den europäischen Farmern mit der Entlohnung durch Wein, Tabak und Brot zu Farmarbeiten überredet. Von der Kapregion, wo das Dop System seinen Ursprung hatte, verbreitete es sich über das ganze Land und war in den nächsten 300 Jahren gängige Praxis.

Wein niedriger Qualität kostete den Farmer kaum etwas – den Weinbauern ohnehin nichts –, und er machte die harte Arbeit und die miserablen Lebensbedingungen erträglich. Dieses System prägte auch die soziale Kontrolle über die Landarbeiter, denn dem Arbeitgeber, der zuverlässigen Ausschank bot, war die Loyalität seiner Arbeiter sicher.

Bis zu fünf Mal am Tag gab es eine Tasse Wein und zum Feierabend eine Flasche zum Mitnehmen. Unser Freund Andries berichtete von einem Nachbarn seines Großvaters, der einen Weinschlauch aus der Wand hängen hatte, den er von innen zu bestimmten Zeiten aufdrehte. So gab es um elf und um fünf Uhr nachmittags Wein für die Arbeiter, die sich zu diesen Zeiten mit einem Blechbecher in der Hand um den Schlauch versammelten. Als der Nachbar für ein paar Tage verreisen musste, überlegte er sich eine Lösung für eine regelmäßige, aber limitierte Weinversorgung während seiner Abwesenheit. Mithilfe eines Weckers erfand er eine frühe Form der Zeitschaltuhr, die die Weinzufuhr zu den üblichen Zeiten regulieren sollte. Als er nach Tagen zurück zu seiner Farm kam, fand er die Felder unbestellt, und die Arbeiter hockten versammelt vor dem Weinschlauch. Da der Wecker nicht richtig funktioniert hatte und der Wein zu unberechenbaren Zeiten floss, waren alle vor dem Schlauch sitzen geblieben, um auch ja keinen Tropfen zu verpassen.

Das Dop System ist seit den frühen 1990er-Jahren verboten, aber es gibt immer noch Farmer, die ihren Arbeitern Wein ausschenken. Und der nur geringfügig höhere Lohn, den die Arbeiter heute erhalten, wird ohnehin meist in Alkohol umgesetzt.

Die *Cape Times* beschrieb das Beispiel William Steyns, der als 13-Jähriger eine Konservendose voll Wein als Lohn für seine erste Arbeit bekam. Später, als Erwachsener, erhielt er 70 Rand die Woche und, wenn er gut gearbeitet hatte, zusätzlich jeden Abend eineinhalb Flaschen Wein vom Vorarbeiter. Man bekam allerdings erst Wein, wenn man drei Monate auf der Farm gearbeitet hatte. Der Wein wurde als Ansporn und Belohnungssystem eingesetzt. Weinentzug als Bestrafung: Wer unpünktlich oder gar nicht zur Arbeit erschien, dem wurde seine Weinration für eine Woche entzogen. Die Farmer bezahlten in Wein und verkauften ihren Arbeitern Alkohol auf Kredit, was diese in weitere Abhängigkeit brachte.

Die Farmarbeiter heute trinken Bier oder billigen Wein aus dem Fünf-Liter-Karton, auch *papsak* genannt, nach dem Behältnis, in dem er verkauft wird, oder *blink toekoms*, was so viel wie »strahlende Zukunft« heißt.

Südafrika steht weltweit an oberster Stelle im Alkoholkonsum. Fast 80 Prozent der Gewaltverbrechen stehen in Zusammenhang mit Alkohol. Bei Tätern wie Opfern. Männern wie Frauen. Über die Hälfte aller Verkehrstoten und 50 Prozent der unnatürlichen Todesursachen gehen zulasten eines überhöhten Alkoholgehalts im Blut. 70 Prozent häuslicher Gewalt sind auf Alkoholmissbrauch zurückzuführen. Ebenso Teenagerschwangerschaften, die Verbreitung von Aids und Vergewaltigungen, und auch 30 Prozent aller Krankenhauseinweisungen sind direkt oder indirekt darauf zurückzuführen.

Die Zahl der Kinder, deren Mütter während der Schwangerschaft trinken und die an Fetal Alcohol Syndrome (FAS) leiden, steigt. Eine Statistik besagt, dass eines von 281 Neugeborenen unter FAS leidet. Die Symptome sind unter anderem Kleinwuchs, Gesichtsdeformation, geringere Intelligenz und Aufmerksamkeitsdefizitsyndrom. Besonders hoch ist die Zahl in Gebieten mit starker Arbeitslosigkeit, wie in De Aar, einem staubigen Städtchen in der nördlichen Kapprovinz, wo sich lediglich die zwei großen Eisenbahnlinien kreuzen. Dort wurde die welthöchste Rate an FAS-Kindern festgestellt, was man mit der Abschaffung der größten Schienenstrecke des Landes in Verbindung brachte, wodurch Hunderte an dem Ort ihre Arbeit verloren. Auch unter der weißen Bevölkerung ist Alkoholismus weit verbreitet. Getrunken wird viel und gern und zu allen Gelegenheiten. Nicht wenige halten es für einen Mythos, dass Trunkenheit das Fahrvermögen beeinträchtigt, und da es auf dem Land keine Taxis gibt, gilt für viele, was unser Tierarzt Russel, ein kräftiger Bure mit fröhlichen weinroten Wangen, so treffend auf den Punkt bringt: »Mein Bakkie kennt seinen Weg, der hat mich noch immer sicher nach Hause gebracht.«

Es gibt allerdings Orte, an denen der Ausschank und Verkauf von Alkohol ganz und gar verboten ist, etwa Wuppertal, Genadendal und Elim, ehemalige Missionsdörfer der ursprünglich deutschstämmigen Mährischen Kirche mit heute fast ausschließlich farbiger Bevölkerung. Elim und Genadendal sind hübsche Dörfchen zwei Stunden östlich von Kapstadt, mit stattlichen, alten Kirchen. Der Ort Wuppertal an den Cederbergen erhielt seinen Namen übrigens noch vor dem gleichnamigen deutschen Ort, benannt von einem Missionar, der von der Wupper kam.

Fish Hoek, ein Küstenstädtchen in der Nähe von Kapstadt, wird auch die »trockene Stadt« genannt, da es dort keinen Alkohol im Laden zu kaufen gibt. Fish Hoek war ursprünglich neben einer Walfangstation gelegenes Farmland, das im späteren Besitz einer alten Jungfer Stück für Stück verkauft und zu einem Ferienort wurde. Eine der Bedingungen, die mit dem Grundstückskauf verknüpft waren, war ein kompletter Bann auf Alkohol. Über die Gründe kann man nur spekulieren. Man sagt, dass verhindert werden sollte, dass die Transportfahrer zwischen Kalk Bay und Simon's Town in Fish Hoek haltmachten, um sich einen Schluck zu genehmigen. Die Strecke ist allerdings nicht einmal zehn Kilometer lang. Was natürlich eine ordentliche Entfernung ist, wenn man mit einem Ochsenkarren auf staubigen Straßen unterwegs ist. Mit dem Auto ist sie heute in wenigen Minuten zu bewältigen.

Der Bann wurde bis 1994 aufrechterhalten, mit der Ausnahme, dass Alkohol in den Restaurants ausgeschenkt werden durfte. Bis heute gibt es in Fish Hoek keinen Liquorstore. Viele Anträge wurden bisher gestellt, doch alle abgelehnt.

Wie so oft in Südafrika gibt es eine dunkle und eine helle Seite. Elend und Schönheit leben in Nachbarschaft und heben sich gegenseitig hervor. Deshalb hat auch der Alkohohl nicht nur ein böses Gesicht. Ganz im Gegenteil.

Es werden hervorragende Weine und sogar Biere in diesem Land gemacht. Neben deutschen Bieren wie dem Windhoek Lager und anderen guten Marken gibt es immer mehr kleine Brauereien, von KwaZulu-Natal über Gauteng bis ins Westkap. Es werden sogar Bierrouten quer durchs Land angeboten. Die Birkenhead Privatbrauerei in unserem Dorf versuchte sogar einmal Bier aus dem sehr tanninhaltigen Fynbos (wörtlich etwa »feingliedriges Gebüsch«) der Gegend zu machen, kehrte aber zum guten Stout (Starkbier), zu Ale, Lager und sogar einem Weizenbier zurück.

Die Kapregion ist ein wahres Eldorado für Weinliebhaber. Allein in den Weinhochburgen Stellenbosch, Paarl und Franschhoek gibt es 300 Weingüter, manche davon mit jahrhundertealter Tradition. In einem Land, das alte Traditionen wieder entdeckt und ökologischen Anbau, haben die jungen Weinbauern jedoch wenig gemein mit ihren Vorvätern. So wenig wie ihr Wein.

Der südafrikanische Wein vom Kap, der während des Embargos seit den 1970ern nicht exportiert werden durfte, war schwer und scharf und wurde in großen Genossenschaften gekeltert. Damals, so sagt Winzer Eben Sadie, wurden viele »deutsche« Weine produziert, da einige der Önologen aus Deutschland kamen und dort studiert hatten; und der Rest kopierte das, was er für »deutschen« Wein hielt.

Eben Sadie ist wie viele seiner Freunde ein Winzer und Önologe der neuen Generation. Junge Männer um die 30, die nach ihrem Studium die Welt bereist und in Frankreich, Italien, Spanien und Kalifornien auf Weingütern gearbeitet und ihr Handwerk gelernt haben.

Eben Sadie kommt aus einem armen Landstrich von der windigen Westküste. Wein gab es da nicht, nur Schafe und Wellen, weshalb Eben Sadie auch ein begeisterter Surfer ist. Sein Vater war weder Weinbauer noch Farmer, sondern arbeitete bei der Bahn, der größten und nahezu einzigen Industrie in diesem Landstrich, weshalb Eben zunächst auf anderen Weingütern arbeiten musste, bis er sich ein paar Hektar Spitzenlagen pachten konnte. Die Lagen liegen mehr als 40 Kilometer auseinander und haben alle unterschiedliche Böden: Kalk, Schiefer und den für das Kap typischen roten Lehm. Wir durften Wein aus jeder dieser Lagen kosten und waren verblüfft, wie sehr man den Boden herausschmecken kann, obwohl überall dieselbe Shiraz-Traube angebaut wurde. Warm und erdig beim Lehmboden, kühler und glatter beim Schiefer. Zusätzlich beeinflussen die verschiedenen Höhen des Hottentots-Holland-Massivs die Schwere und Süße der Trauben. Eben lässt jede Lage für ein Jahr getrennt in Eichenfässern reifen, dann verblendet er sie zu seinem »Colomella«, dem Wein seiner Träume.

Dass das Kap sich als Weinanbaugebiet eignet, liegt an der Atlantikströmung, die kalte Luft heranbringt und verhindert, dass die Trauben an den unzähligen Sonnentagen Südafrikas zu früh reifen. Sogar der Salzgehalt spiegelt sich in den Weinen, wie in denen der Beaumonts, die Reben in einem besonderen Mikroklima im Tal um Botriver anbauen. Land, das vor vielen Hundert Jahren noch unter Wasser lag.

Eben Sadie und Sebastian Beaumont haben auch den Surfwettbewerb der Winzer ins Leben gerufen, zu dem alle surfenden Weinbauern oder sonst im Weingeschäft Tätigen einmal im Jahr zusammenkommen. Und das sind mehr als 50. Jeder bringt als Eintrittsgeld sechs Flaschen seines besten Rotweins mit, die zusammengeschüttet und in Magnumflaschen abgefüllt werden. »Big Red« wird der Wein genannt. Jeder bekommt eine Flasche zum Andenken, der Rest wird gemeinsam getrunken; und was übrig bleibt, wird für einen guten Zweck versteigert.

Die Generation dieser Weinbauern und Önologen ist der alten Generation ganz und gar entwachsen. Inzwischen gibt es auch einige wenige schwarze Winzer. Viel hat sich geändert in der Weinindustrie, dem ältesten Gewerbe Südafrikas. So sagt das Sebastian Beaumont, der als Winzer das Familienunternehmen weiterführt: »Der Wein sollte das Land reflektieren, die Landschaft, das Klima, die Gesellschaft. Wir haben eine reiche Geschichte und so viele unterschiedliche Kulturen. Unser Land ist so komplex im Vergleich zu den anderen Ländern der Neuen Welt. Hier haben wir eine kulturelle Dynamik und Energie, dass du nie weißt, was morgen passieren wird.«

The Big Five
und andere Giganten

Die Südafrikaner verniedlichen ihre Tierwelt nicht und
stellen keine Pflanzen auf Fensterbretter, was von ihrer
Liebe zur Natur zeugt. Natur- und Artenschutz in Südafrika sind vorbildlich. Schon Ende des 19. Jahrhunderts
wurde das Jagen im Süden des heutigen Krüger-Natio-
nalparks verboten. Lange bevor Hemingway das soziale
Drama der Großwildjagd beschrieb, ohne zu großes Mit-
leid mit den Tieren zu haben.

Das subtropische Gebiet zwischen dem Sabie- und
dem Krokodilfluss, das vom Volksrat der Burenrepublik
geschützt wurde, war mit Malaria und Bilharziose ver-
seucht und keineswegs erschlossen, aber die Buren erkann-
ten den Wert der Natur und des ökologischen Gleichge-
wichts. In der fruchtbaren Landschaft des *louvelds* an der
heutigen Grenze zu Mosambik wurden unter anderem
Nashörner wegen ihres Horns gejagt, das pulverisiert
viele Tausend Kilometer weiter impotenten Chinesen als
Aphrodisiakum diente.

Bei der Größe des Landes und dem Interesse der Gäste

an Wildtierbeobachtungen bieten sich Game Reserves geradezu an, die Zahl vor allem privater Wildreservate aber überraschte auch uns. Es sind 9500. Darunter viele kleine, aus Liebe zu einer einzigen Tierart eingerichtete Schutzzonen, etwa für Blessböcke oder Gnus, aber auch etliche kommerzielle Farmen, die einem alles an einem Nachmittag bieten wollen. Wirkliche Abenteuer erlebt man aber nur in den großen Parks wie dem Krüger, und dann nur zu Fuß – selbstverständlich unter Führung eines Wildhüters. Oder man wagt sich auf eigene Faust und mit Allradantrieb durch die Kalahari in Botswana wie Freunde aus Johannesburg, die jedes Jahr mit ihren Kindern und zwei anderen Familien durch die Wildnis fahren und abends mit den Fahrzeugen ein Lager gegen Wildtiere bilden.

Der intensive Naturschutz führt häufig zu einer Überwilderung, sodass heute, nach Jahrzehnten der Hege und Pflege, vor allem von Staatsseite aus massiv gejagt wird. Die vielen Elefantenherden walzen den Krüger-Nationalpark platt, und Warzenschweine nehmen in den zig staatlichen und privaten Wildparks so überhand, dass man an schlechten Tagen kaum etwas anderes sieht.

Der beispielhafte Tierschutz bewirkt manchmal auch in anderer Hinsicht ungewollt das Gegenteil. 2008 war das Jahr der Aufrüstung unter den Wilderern, weil Lizenzen zur Nashornjagd eingeschränkt wurden und die Preise entsprechend in die Höhe schossen. Wurde bis dahin nur in staatlichen Parks gewildert – wegen der schlechten Zusammenarbeit zwischen Polizei und Wildhütern –, fallen jetzt schwer bewaffnete Wildräuber auch in die privaten Parks ein.

Nachdem die Wildparks im verarmten Simbabwe und unterentwickelten Mosambik dank Korruption fast leer geräumt sind, muss die verbotene Ware halt in Südafrika beschafft werden. Ob für den georgischen Obsthändler, den koreanischen Konzernchef, den kanadischen Zahnarzt oder wer auch immer so dringend Elfenbein als Zimmerschmuck, Geparden-Carpaccio als Gaumenschmaus oder geriebenes Nashorn für seinen mit Zucker gesüßten Bordeaux (chinesische Variante) braucht.

Südafrikaner sind da pragmatischer. Wir haben hier schon Haigebisse überm Schreibtisch und Schafsbockhörner als Blasinstrument gesehen, aber nie so angeberische Jagdtrophäensammlungen wie die Geweihwand eines deutschen Jägers.

Südafrikaner haben ein Herz für Tiere, aber bleiben auf dem Boden der Tatsachen. Als vor zwei Jahren ein kleiner Bergleopard einem Bauern der Gegend um Hermanus in die Falle geriet, war die Empörung groß. Die Falle war für die *Rooikat* aufgestellt worden, eine Art Luchs, der Hühner reißt und kleine Schafe. So selten man diese Rotkatze sieht, sie ist nicht wirklich bedroht, im Gegensatz zum ebenso scheuen Bergleopard. Und sie schadet dem Menschen. Da wird bei aller Liebe eine klare Grenze gezogen.

Die handtellergroße Regenspinne aber, die, wie der Name andeutet, bei Regen ins Haus kommt, wird vorsichtig wieder ins Freie getragen. Auch das gelb-schwarze Monster, das in seinem Netz an unserer Garage hängt und aussieht wie ein Philippe-Starck-Toaster, wird nur über den Zaun geworfen.

Nichts bringt einen dazu, die Tierwelt Südafrikas zu verharmlosen. Sie ist stammeskulturell auch viel zu stark mit Mythen und Sagen belebt. Ein Hase philosophiert da eher mit dem Mond über die Nacht, als in einem Kinderbuch einfach nur süß auszusehen. Und zu gegenwärtig ist noch das Gefühl, nachts beim Grollen eines Löwen näher ans schützende Lagerfeuer zu rücken.

So nah wie im Berliner Zoo haben die Kinder und wir noch kein Rhinozeros gesehen. Ebenso wenig Hyänen oder Tiefseequallen. Aber darin liegt auch wieder der Unterschied zwischen Deutschland und Südafrika. Im Berliner Zoo überlegt man sich, ob die Löwen Erdnuss-flips mögen, in Südafrika fragt man sich, ob sie gern uns fressen würden. Im Zoo sieht man sie von Nahem, in einem Wildpark muss man sie suchen. Beides ist spannend, und wenn uns wieder einmal ein Nashorn in der Ferne gezeigt wird, dann wissen wir wenigstens aus dem Berliner Zoo, wie es von Nahem aussieht. Ausnahmen bestätigen da die Regel: Im Game Reserve iMfolozi-Hluhluwe zum Beispiel (Hluhluwe spricht man Schlu-schluwe) in der Provinz KwaZulu-Natal ist die Wahr-scheinlichkeit, Nashörner ganz nah zu sehen, sehr groß.

Die Tierwelt Südafrikas ist rauer und wilder, und nicht wenige Reisende kommen den weiten Weg genau für dieses in der Alten Welt verloren gegangene Gefühl, dass die Natur größer ist als der Mensch. Nicht dass einen Büf-felherden am Flughafen erwarten und Schlangen aus dem Kofferraum schnellen, aber immerhin sieht man Pavian-herden an vielen Straßen oder Kapuzineräffchen etwa in der Florida Road, einer beliebten Ausgehmeile in Dur-ban. Sonst aber ist da nicht viel auf den ersten Blick. Auf den zweiten kreisen Falken über der Landschaft und Adler. Impalas, Kudus und Springböcke grasen in der Ferne. Ein Vogel Strauß kann einen begleiten, aber nur entlang des Zauns einer Zuchtfarm. Und hier auf einer Wiese am Kap äsen zwei Zebras, weit, weit weg von ihren Verwandten, aber wir sind dankbar für das afrikanische Gefühl, wenn wir an ihnen vorbeifahren.

Den Seefahrern sind am Tafelberg noch Löwen begegnet, und 200 Kilometer nördlich grasten Elefanten am Olifantsrivier, wie der Name schon sagt. Heute keine Spur mehr davon. Der nächste Elefant ist weit und wie fast jeder der *Big Five* (Elefant, Nashorn, Büffel, Löwe und Leopard) nur in einem Wildpark anzutreffen. Flusspferde leben noch frei in den subtropischen Flüssen des Nordens, aber schon ein einziges verirrtes Exemplar, das im Winter 2008 im Meer vor Durban badete, machte Schlagzeilen. Und doch ist die Tierwelt gewaltig.

Eben noch war man auf der Autobahn bei Port Elizabeth, die Kinder streiten sich im Fond um die Weingummis, es regnet, und die Sicht ist schlecht, plötzlich erscheint zwischen spärlichen Dornenakazien ein dreieinhalb Meter hoher, fünf Tonnen schwerer Elefant und sieht einen argwöhnisch an. Die Kinder verstummen, die Knöchel werden weiß am Lenkrad, und das Herz schlägt im Hals. Es ist kein Elefant, auf dem man reiten kann, auch keiner, der für Fotos seinen Rüssel hebt; er lebt hier, und wir stehen mitten in seinem Wohnzimmer, dem Addo Elephant Park.

Wir haben Wildparks gesehen, in denen die Löwen an der Straße liegen müssen, weil sonst kein Platz ist. In Südafrika gibt es das Problem weniger. Eher, dass man um die halbe Welt fliegt und nichts sieht. Gar nichts.

Südafrikas größter Wildpark, der Krüger-Nationalpark, ist 300 Kilometer lang und 40 Kilometer breit. Die illegalen Immigranten aus Mosambik und Simbabwe, die zu Fuß unterwegs sind, hoffen es, der Tourist fürchtet es: keinen Löwen zu treffen, keinen Geparden, Leoparden, Elefanten. Wir kreisten einmal stundenlang mit den Kindern durch den Addo Elephant Park und sahen nichts außer den kleinen Fünf: Babywarzenschweine, Mistkäfer, Feldmäuse, Spatzen und Schmeißfliegen. Die kleinen Fünf darf man übrigens variieren. Ein findiger Naturkundler bietet sogar Ausflüge zu fünf Käfersorten an, die in der Kalahariwüste leben.

Der Addo Elephant Park überraschte uns dann doch noch. Eine Büffelherde erschien am Wasserloch und trank. Daneben spielten junge Elefanten, und wir sahen einen Schaukampf zweier junger Bullen. 100 Meter weiter sonnte sich eine Löwenfamilie auf der Straße und betrachtete gelangweilt uns etwas ängstliche Menschen hinter den Scheiben.

Da wir Deutschen immer auf der Suche nach dem Echten sind, sei hier Matto Barfuß erwähnt, ein Badenser, der vor Jahren aus dem Jeep stieg und sich auf allen vieren in der sambischen Savanne einer Gepardenfamilie anschloss. Er kam jedes Jahr für ein paar Monate wieder und lebte mit ihnen als seltsamer Ersatzgepard ohne Krallen. Aber er war gut genug, um die Welpen vor vorbeiziehenden Löwen zu beschützen, wenn die Mutter jagen ging.

Für die Wildhüter wird die trügerische Nähe zum Großwild irgendwann ein Problem, weil sie die Gefahr nicht mehr fühlen. Nach spätestens zehn Jahren müssen sie ihren Job wechseln.

Tierabenteuer erlebt man in Südafrika trotz allem genug. Die frei lebenden *baboons* (Paviane) am Aussichtspunkt an der Kapspitze können einen mit ihren scharfen Reißzähnen das Fürchten lehren. Jahrtausende mussten sie sich mit dem süßen Nektar der Proteen abgeben und Würmer kauen, dann kamen wir mit unseren Essensresten und Mülltonnen. Überhaupt haben wir eine Menge Dinge, die die Paviane sehr interessieren. An vielen Straßen Südafrikas stehen Warnschilder, die Paviane auf keinen Fall zu füttern. Das ist auch nicht nötig. Blitzschnell reißen sie Kindern das Eis aus der Hand und versuchen in die großen Müllkisten zu kommen, die wir Autos nennen. Wir haben schon von Babys gehört, die aus Neugier entführt (und zurückgegeben) wurden und von Lederhüten, die gegessen wurden. Aber auf den dicken Pavian auf unserem Auto waren wir nicht vorbereitet, als wir vom Leuchtturm am Kap der Guten Hoffnung zurückkamen.

Der Affe pulte am Gummi um die Windschutzscheibe unseres alten BMWs und leckte nachdenklich daran. Die Parkplatzwächter mit ihren Knüppeln waren schon nach Hause gegangen, und der Pavian entdeckte die gleiche Art Gummi an der Rückscheibe, mit einem ähnlich verlockenden Aroma. Erst als ein Pavianbaby irgendwo schrie, rannte die Truppe Richtung Souvenirstand, und ein japanisches Ehepaar, eine italienische Reisegruppe und wir sprangen zu unseren Autos. Im Rückspiegel sahen wir noch den verärgerten Pavian hinter uns herlaufen.

Am Strand wenige Kilometer weiter im Naturreservat war es nicht anders. Ein Hippievater brachte seinen Töchtern das Surfen in der Uferbrandung bei, Familien badeten, Kinder spielten, bis eine schwangere Frau schrie, weil ein Vogel Strauß über ihre Düne gelaufen kam. Kurz darauf fielen die Paviane ein. Man lief ins Wasser, um abzuwarten, während die Bande die Bade- und Handtaschen am Strand durchsuchte. Nur wir zögerten. Der Patriarch mit seinem stinkenden Atem und gelben Zähnen trabte näher. Als wir ihn wie einen Hund verscheuchen wollten, würdigte er uns keines Blickes. Er holte kurz aus und hinterließ drei blutige Kratzer auf Svens Arm.

Sicher werden in unseren Zoos den Pavianen die Zähne geputzt und die Nägel geschnitten. In Südafrika hat man andere Sorgen. Im Ferienort Hermanus terrorisieren die Paviane den noblen Vorort Voelklip (Vogelklippe). Geschickt schieben Affenmütter ihre Babys durch offene kleine Badezimmerfenster und lassen sich die Terrassentür öffnen. Dann wird das Haus geplündert und verwüstet, bis die *monitors* kommen, die Naturschützer der Gemeinde, die sie in die Berge jagen. Ab und zu muss einer der Affen dran glauben, was kein Wunder ist bei den vielen Gewehren und Revolvern, die noch zu Apartheidszeiten zur Hauseinrichtung gehörten.

Als Pavian Fluffy abgeschossen wurde, brachte die *Hermanus Times* sein Bild auf der Titelseite, und die Geschichte dazu rief starke Erinnerungen an Berlins Wildschweinplage wach. Wie bei den Wildschweinen verschlimmert man die Zerstörungswut der Affen, wenn man das dominante Männchen tötet, denn die bisher unterlegenen männlichen Tiere sehen endlich ihre Chance gekommen, das Revier zu beherrschen und sich ungehindert zu vermehren.

Fluffys Mörder blieb anonym, der Affe selbst erhielt einen Nachruf in der Lokalzeitung. Man hatte ihn schon recht lieb, auch wenn er eine absolute Nervensäge war.

Während wir in Europa eine Einwanderung der Tiere in die Stadt erleben mit Fuchsbauten unter Treppen, Wildschweinen in Einkaufszentren und Falken auf Hochhäusern, ist die Tierwelt Südafrikas – von seltenen Ausnahmen wie Fluffy abgesehen – noch in der Natur zu Hause. Und müssen wir unsere Fauna wie ein rohes Ei behandeln, ringen die Bewohner Südafrikas mit ihr.

Unser Freund Andries schießt des Öfteren ein Stachelschwein auf seiner Farm, das sonst seine Pflanzungen frisst. Neulich nahm er sogar seinen einjährigen Sohn mit, der beim Gewehrschuss zwar erschrak, aber dann wie ein echter Bure *Tata* zum Stachelschwein sagte. Tschüss.

Wir protestieren jedes Mal und warnen Andries vor der Rache der Stachelschweinahnen. Aber mit einem *Porcupine Pie* lassen wir uns wieder bestechen. Seine Frau macht den besten der Gegend.

Auch die Kobra, die sich an die Pfaueneier macht oder sich im Pool mit den Kindern abkühlen will, wird erschossen. Mehr Bedrohung ist da nicht, abgesehen von kleinen Gebieten an der tropischen Nordgrenze, wo einen ein Krokodil beim Baden fressen könnte. Oder eine Malariamücke stechen. Giftige Spinnen unter dem Gartentisch und winzige Skorpione unter Steinen kommen vor, sind jedoch relativ harmlos. So harmlos, dass Menschen wie unsere Nachbarin aus Kapstadt eine Phobie haben mangels wirklicher Bedrohung. Sie weist einen gern auf die angeblich tödliche Violinenspinne an der Eingangstür hin oder die Möglichkeit einer *boomslang* im Garten, der sehr scheuen, giftigen Baumschlange. Unsere Nachbarin ist wie ihre Kinder sehr klein gewachsen. Vielleicht rührt daher ihre Angst. Einen drei Zentner schweren, zwei Meter großen Buren haben wir noch nie von solchen Gefahren reden hören. Der rennt eher barfuß und mit einem Luftgewehr hinter einem Perlhuhn her und vertraut auf Gott, dass er auf keine Puffotter tritt. Die sind nur eine Bedrohung, weil sie nicht wie alles andere Getier vor uns davoneilen. Puffottern liegen nicht selten auf Landstraßen in der heißen Sonne und scheren sich wenig um den Verkehr. Und wenn man ihnen auf den Schwanz tritt, hilft beten und ruhig bleiben, bis man einen Arzt findet. Man muss sehr ängstlich und klein sein, um vom Biss der Puffotter zu sterben. Selbst dann gelingt es selten.

Sterben müssen wir alle irgendwann. Das wissen vor allem die Surfer, die fast jeden Tag an Südafrikas Stränden eine gute Welle finden können. Ein Hai oder zwei sind immer in der Nähe. Nicht nur der Sandhai und andere kleine Artgenossen, sondern vor allem der große Weiße Hai.

Im Meer liegt der wirkliche Naturreichtum Südafrikas. Die Gewässer des Indischen Ozeans und des Atlantiks um Südafrika sind die artenreichsten der Welt. Pottwal, Blauwal, Killer-, Brydes-, Glatt- und Buckelwal, sie alle sind hier und mit ihnen eine Unzahl anderer Seetiere, die das Landende der Welt hier ebenso lieben wie wir. Dass sich warmer Indischer Ozean und kalter Atlantik am Kap der Guten Hoffnung oder am Kap Agulhas, dem südlichsten Punkt Afrikas, sichtbar vermischen, ist übrigens ein Mythos. Satellitenbilder offenbaren zwar die grünen und blauen Strömungen, doch weit draußen, wo die Kontinentalplatte abfällt – und einst Feuerland lag, heute an der südlichsten Spitze Südamerikas, früher eins mit Afrika im Urkontinent.

In Europa erinnert uns nicht viel an die Urzeit, als das Tier schon erschaffen war, der Mensch aber noch nicht. In Südafrika hat man dafür die Wale. Wäre alle Zeit seit dem Auftauchen der Wale ein Jahr, sähen wir zu Neujahr seine Vorfahren vom Land ins Meer wandern. Im Frühling durchstreiften die Cetacea, die Ordnung der Tümmler, Delfine und Wale, die Meere, bis plötzlich, am Mittag des 31. Dezember, ein Mensch am Ufer stünde.

Erst Minuten vor Mitternacht beginnt eine Jagd, die fast alle Wale ausrottet. Vor allem der Glattwal an Südafrikas Küste muss dran glauben, weil er sehr fetthaltig ist und nach dem Harpunieren praktischerweise an der Oberfläche treibt. Daher sein Name *Southern Right*, der Richtige für die Jagd im Süden. Wenige verstehen heute den Sinn der Waljagd, aber die damalige Welt war auf Walprodukte eingestellt. Vom Lampenöl über Walbein für Knöpfe und sogar Schreibmaschinen bis zum wertvollen Amber für Parfüm. Erst mit der Nutzung von Elektrizität und Erdöl endete die jahrhundertelange Hetzjagd, deren Überreste man noch manchmal an den Küsten sieht. Betty's Bay zum Beispiel, eine Stunde von Kapstadt entfernt, war eine Walfangstation, die erst lange nach ihrer Schließung mit einer Straße und erst kürzlich durch Elektrizität erschlossen wurde.

Wenige Sekunden vor zwölf im Jahr des Wals ändert der Mensch seine Haltung, und heute stehen wir auf den Felsen und bewundern diese riesigen Meeressäuger, die jedes Jahr Tausende von Kilometern von und zur Antarktis schwimmen. In den Buchten um Hermanus kalben die Glattwale, und über Hunderte von Kilometern entlang der Küste sieht man sie mit den Buckelwalen springen, tauchen und laut die Schwanzflosse aufs Wasser schlagen.

In Hermanus, dem ehemaligen Fischerdorf etwa 50 Kilometer östlich von Betty's Bay, waren wir zunächst gestrandet. Ein kleiner Küstenort, der nach und nach mit hässlichen Häusern zugebaut wird. Hätte uns einer vor zehn Jahren prophezeit, dass wir hier einmal leben würden, hätten wir ihm den Vogel gezeigt. Wir, die nie in einer Stadt unter drei Millionen Einwohnern gelebt hatten, zogen in ein Nest voller Rentner, Einfamilienhäuser und Urlauber. Und Wale.

Was uns hier hielt, war die überwältigende Schönheit der Natur. Hermanus liegt eingerahmt von grünen Bergen und dem wilden Atlantik, endlosen einsamen Stränden und wilden Naturreservaten. Hermanus ist für viele eine große Liebe. Über die Sandstein- und Granitfelsen führt ein Wanderpfad kilometerweit an der Küste entlang, von dem wir unzählige Male Wale beobachten konnten, während unsere Hunde die hamsterartigen, kaninchengroßen Klippschliefer jagten. Im südafrikanischen Frühling, von Juli bis November, trifft man hier zwischen dem Gestrüpp des landestypischen Fynbos überall Menschen, in Gruppen oder vereinzelt, die mit Kameras und Ferngläsern auf das Meer hinausblicken.

Die Walmütter kommen hierhin, um vor der geschützten Küste zu gebären. Man sieht Walschwänze winken und, wenn man Glück hat, Freudensprünge männlicher Wale, die die Geburt ihrer Nachfahren begrüßen. Oder einfach übermütig sind. Wenn man einen Sprung verpasst hat und nur noch den großen Platsch sieht, sollte man weiter an dieselbe Stelle sehen, denn meist springen die Wale viele Male hintereinander, was bei ihrem Gewicht sehr erschöpfend sein muss.

Das Walbeobachten ist eine Kunst, die Muße verlangt. Am besten setzt man sich gemütlich auf einen Felsen und schaut geduldig aufs Meer hinaus. Manchmal sieht man den Strahl, den Wale durch ihr Atemloch ausstoßen. Daran kann man sie unterscheiden: Der Glattwal hat einen doppelten Strahl, der Buckelwal einen einzelnen.

Wir werden nie müde, Wale zu beobachten, es ist jedes Jahr aufs Neue ein großes Wunder, dermaßen gewaltige und archaische Tiere vor unserer Haustür schwimmen zu sehen. Die Wale sind friedlich. Man kann auf Kajaks unter erfahrener Führung so nahe an sie heranpaddeln, dass man ihren Rücken streicheln kann. Von einer alten Dame, die jeden Tag im Meer schwamm, stand in der Zeitung, dass der Felsen, auf dem sie eine Pause einlegte, sich plötzlich unter ihr zu bewegen begann, und sie begriff, dass sie auf einem Walrücken saß.

Sven und die Jungs von der High School, die mit ihm über Jahre jeden Tag boogieboarden gingen, erleben das Meer noch intensiver. Robben lieben es, in Wellen zu surfen, Delfine kommen in ganzen Schulen an und mustern die seltsamen Wesen in schwarzen Neoprenanzügen. Und gelegentlich erscheint ein Wal zwischen den Surfern, der trotz seiner Größe sehr genau spürt, wen er um sich hat, und vorsichtig ist, vor allem mit seiner Flosse, die mit nur einem leichten Wink alle Schwimmer wegfegen könnte.

Da Hermanus außer sagenhaften Stränden, zahlreichen Restaurants, einer Lagune für Kitesurfer, Proteen, Erika und dem Klippenpfad wenig zu bieten hat, wurde das Walfest eingeführt, um gegen Ende der stillen Winterzeit Touristen anzulocken, mit Essensständen, dem üblichen Kunstgewerbe und Musikveranstaltungen. Alle Einwohner und Besucher reihen sich entlang des Küstenpfades auf, halten sich an den Händen und begrüßen die Wale mit *la ola*, der Welle, wie man sie aus den Fußballstadien kennt.

Die Wale scheinen die Aufmerksamkeit zu genießen, denn sie erscheinen zuhauf, als wüssten sie, dass der ganze Rummel zu ihren Ehren veranstaltet wird.

Hermanus hat sogar einen Walschreier, der herummarschiert und in ein Kelphorn bläst, wenn er einen Wal sichtet. Seine Tracht sieht sehr bayrisch aus, kurze Hosen mit breiten Trägern, ein Hut mit Abzeichen und feste Schuhe, in denen er die Orte seiner Walsichtungen in einer Art Morsecode bekanntgibt. Man könnte fast meinen, der einzige Walschreier der Welt wäre eine Tradition, dabei haben sich seinen Job kluge Geschäftsleute erst in den 1990ern ausgedacht.

Fast unsichtbar im Gegensatz zu den Walen bleiben die Haie. Im benachbarten Gansbaai kann man sich um Dyer Island in einem Käfig knapp unter die Wasseroberfläche eintauchen lassen und die Weißen Haie beobachten. Einige dieser Riesen sollen neun Meter lang werden, glaubt man der Legende von Submarine, dem Giganten von Gansbaai. Andere, denen man zum Beispiel in Muizenberg bei Kapstadt häufig begegnet, haben nettere Spitznamen wie Rasta oder Popeye.

Seit Jahren wird das Verhalten des Weißhais erforscht, und doch weiß man nur wenig über dieses Urtier, das noch älter als der Wal ist. Was man weiß, ist, dass ab und zu ein Surfer angegriffen wird oder ein Schwimmer. Haie probieren nur, wenn sie angreifen. Sie beißen neugierig in das, was sie für eine deformierte Robbe halten. Tödlich enden solche Attacken durchschnittlich nur ein Mal pro Jahr in Südafrika, vier Mal pro Jahr weltweit. In Muizenberg machten vor einiger Zeit Plakate darauf aufmerksam, dass die Wahrscheinlichkeit, durch einen defekten Toaster zu sterben, weit größer ist. Was nichts an dem unheimlichen Gefühl draußen auf einem Surfbrett ändert, während man auf eine Welle wartet.

Haie fressen selten und meiden auch sonst den Menschen. Vielmehr ist er selbst vom Menschen bedroht. Fischer koreanischer Boote schneiden ihnen bei lebendigem Leib die Flossen ab und werfen sie dann einfach zurück ins Meer, wo die Tiere elend verenden. Haifischflossen, wieder ein Aphrodisiakum für Asiaten!

Einige dieser großen Burschen (und Fräuleins, wenn man genau ist) müssen schon unter Sven durchgeschwommen sein beim Surfen. Auch wenn die Bedrohung durch den Weißen Hai lange übertrieben wurde: Sicher ist man eigentlich nirgends, weder am beliebten Strand von Milnerton in Kapstadt noch an den Supertubes in Jeffreys Bay bei den Billabong-Meisterschaften. Gefährlich ist es vor allem im tiefen Wasser, zum Beispiel am Dungeon-Riff bei Hout Bay, dessen gigantische Sturmwellen unser Pastor zur Entspannung surft, oder im Nordosten, um Durban, weil das wärmere Wasser dort die Haie launischer macht. Die Strände der Stadt werden deswegen mit großen Hainetzen geschützt. Im Süden dagegen setzt man auf Haibeobachter. Nachdem derselbe Hai zuerst eine Rentnerin gefressen und dann innerhalb eines Jahres zwei weitere Menschen angefallen hatte, platzierte man Beobachter mit starken Ferngläsern in den Bergen über Muizenberg auf der einen und über Kommetjie auf der anderen Seite des Kapmassivs. Wenn sich wie seit Urzeiten einer der Haie dem Ufer zu sehr nähert, was selten vorkommt, geht eine Sirene los, und Surfer und Schwimmer verlassen das Wasser.

Für den unwahrscheinlichen Fall, an der 5000 Kilometer langen Küste von einem Hai gebissen zu werden, sollte man um sein Leben kämpfen, ihm kräftig auf die hochsensible Nase hauen oder die Daumen in die Augen drücken. So entkam ein britischer Surfer. Der soeben erwähnten alten Dame aber, die jeden Morgen, sommers und winters, mehrere Kilometer in der False Bay schwamm, hätte dieser Tipp nichts genutzt, denn sie war rückenschwimmend dem Hai direkt ins Maul gekrault. Von ihr fand man nur noch die lachsfarbene Badekappe. Ein würdiges Ende für diese zähe Schwimmerin.

Das Merkwürdige an dieser Geschichte ist, dass ihr Sohn ein Jahr später an der gegenüberliegenden Küste in Nordhoek mit seiner Frau in den frühen Morgenstunden einen Spaziergang machte, als sich der Brite, der gegen den Hai gekämpft hatte, schwer verletzt ans Ufer rettete.

Und weil der Sohn ein Arzt war, konnte er dem Mann das Leben retten.

Wirklich gefährlich ist die See selbst. Oder, um genau zu sein: die eigene Ahnungslosigkeit. Jedes Jahr ertrinken Menschen aus Unwissen um Wellen und Strömungen. Ein deutsches Paar wurde in Hermanus beim Walbeobachten von einer Welle erfasst, zunächst ins Meer gezogen und später gegen die Felsen geschleudert. Es war ein sonniger Tag im Frühjahr (September) mit hohen Wellen, die sich im Minutenrhythmus aufbauen und abschwellen. Nach acht kleinen Brechern gegen die Felsen können drei viel größere folgen. Was viele Reisende nicht wissen, ist, dass man nie nasse Felsen, egal wie weit vom Meeressaum entfernt, betreten sollte, weil genau dort die größten Brecher ankommen. Besonders tragisch war, dass die Umstehenden anfangs dachten, dass es sich um Verrückte handelte, die nah an die Wale heranschwimmen wollten (Deutsche!). Da half dann auch alles Winken der beiden nicht mehr, und die schnelle und moderne Seenotrettung wurde in die falsche Bucht berufen.

An den meisten großen Stränden halten zur Ferienzeit ehrenamtliche Rettungsschwimmer ein Auge auf die Badegäste – und freuen sich über etwas zu essen, zu trinken oder ein Trinkgeld. Sie stellen Fahnen auf, in welchem Bereich man schwimmen darf, und daran sollte man sich unbedingt halten, denn auch bei ruhiger See gibt es *freak waves* (Monsterwellen, die urplötzlich aus dem Nichts auftauchen), die in der Brandung spielende Kinder gnadenlos auf das offene Meer hinausziehen. Oft sieht man Badende, die plötzlich von einer Strömung hinausgezogen und dann lässig von Surfern zurückgebracht werden, die dieselbe Strömung nutzen, um aus der Bucht hinter die Wellen zu kommen. Svens Mutter schaffte es, in einem Sommer gleich zweimal gerettet werden zu müssen, und Sven, der an einem sonst fast menschenleeren Strand beinahe jeden Tag surfte, wurde von einem Rettungsschwimmer auf Urlaub vorm Ertrinken bewahrt, als er sich bei hohem Wellengang unvorsichtigerweise ohne Flossen zu weit hinausgewagt hatte.

Als Regel gilt, immer die Einheimischen fragen, sich nur bis ins hüfthohe Wasser vorwagen und, falls einen eine Strömung hinauszieht, Ruhe bewahren. Fast jede Strömung ist kreisförmig und trägt einen meist wieder in ruhige Gewässer oder sogar an Land. Das gilt vor allem für den Atlantik. Dennoch: Der herrlich wilde Atlantik ist unberechenbar, und man kann nicht genug Respekt vor ihm haben.

Weil das Ende der Welt so ideal liegt, ist Südafrika wie ein großes Klassenzimmer für den Forscher. Das Leben und die Welt der Haie wurden erst in den letzten Jahren verständlicher. Bis vor Kurzem hatte man keine Ahnung, wo und wie die Urtiere laichen. Man fand nur immer wieder die Hülle von Haieiern am Strand: handtellergroße, dunkelbraune Taschen mit einem Zipfel an jedem Ende. Tauglich für die Requisitenkammer eines Alienfilms. Das Material ist zäh wie Reifengummi, nur leider war bislang nie etwas drin. Die Kinder und wir haben uns schon oft gewünscht, einen Hai aufzuziehen. Aber die Familie der Haie ist extrem empfindlich gegenüber Umweltveränderungen. Und kein Aquarium passt zur Wanderlust, die man überrascht in den letzten Jahren feststellte, seit Haie mit Sonden ausgestattet werden und auch erkannt wurde, dass die Narben und Scharten an der Rückenflosse wie ein Fingerabdruck sind, an dem man die bisher kaum zu unterscheidenden Tiere nun identifizieren kann. Zwei von ihnen, die sonst bei Dyer Island (vor Gansbaai) gesichtet wurden, wo man einen Paarungs- und Laichplatz vermutet, wanderten für acht Wochen an die australische Küste. Das sind mal eben geschätzte 13 000 Kilometer. Damit wird klar, dass die weißen Südafrikaner, die, unzufrieden mit der Sicherheit in ihrem Land, ins langweilige Australien auswandern, vom selben Hai gefressen werden könnten, der hier harmlos an ihnen vorbeischwamm. Man weiß nicht genau warum, aber in Australien sind Haie angriffslustiger.

Berühmt wurden die Weißen Haie um Seal Island vor Kapstadt, nachdem ein Team von National Geographic zwei Wochen mit einer Spezialkamera auf See verbracht hatte, um den Moment zu filmen, in dem ein Weißer Hai mit einer Robbe im Maul an die Oberfläche schießt. Ein Riese von Hai durchbricht seitdem millionenmal auf Film und in Zeitlupe das Wasser mit seinem blutenden Opfer zwischen den Zähnen. Nichts für Schwimmer, die die berühmte Strecke zwischen Robben Island und Festland bezwingen wollen.

Deutsche Forscher, die um Dyer Island dem Alltag der Haie nachspüren, kamen ihnen mit einfachen Ideen auf die Schliche. Einer der Wissenschaftler beobachtete sie aus einem Paddelboot, nachdem tagelang ein ferngesteuertes Boot entlang des Strandes gelenkt worden war. So wurde ein Paarungsritual entdeckt, während dem die Haie keinem gefährlich werden, weil sie nicht fressen.

Und schließlich begann man in Kapstadt mit der Montage kleiner Kameras an sanft gefangenen und wieder freigelassenen Haien. Seither hat man Bilder aus der Haiperspektive einer Robbenjagd (von unten hoch) und weiß, dass Haie sich an Felsen den Rücken kratzen.

Der Krüger-Nationalpark und andere Schutzgebiete sind ebenso ein ideales Forschungsfeld. Die Nähe von Wild und Mensch hat viel neues Wissen gebracht über das Verhalten von Löwen, Elefanten, Flusspferden, Nashörnern und allen Tieren, deren Wanderungen und Gedeihen jeden Tag beobachtet werden. Natürlich gilt auch hier die Heisenbergsche Unschärferelation, dass das beobachtete Objekt sich zwangsläufig durch die Beobachtung verändert und anders verhält.

Wir haben schon hungrige Löwinnen und ihre Kinder neben uns aus einem offenen Landrover gesehen, Geparden, die sich im Gras neben Antilopen duckten, und sich paarende Löwen keine drei Meter von uns gehört.

Wir haben uns nie wohlgefühlt so nahe, auch wenn uns ein Wildhüter, der in der Savanne aufgewachsen ist, schwor, dass das Wild uns als seltsame Großwesen sieht, die weder stören noch essbar sind. Solange wir im Wagen bleiben, sind wir wie amorphe Pappelefanten, die seltsame Geräusche von sich geben und ab und zu aufblitzen. Aber, so fragen wir uns immer wieder, muss den Löwen bei all den Blitzlichtern nicht klar werden, dass es sich um mehrere Einheiten vielleicht doch essbarer Zweibeiner handelt? Auf den Geschmack kommen sie leider wie oft in Afrika durch Flüchtlinge. Der Krüger-Park hat mit menschenfressenden Löwen ein Problem, seit Menschen aus Simbabwe und Mosambik über die grüne Grenze fliehen.

Interessant wäre auch, was die Brillenpinguine am Kap darüber denken, dass jeden Tag Hunderte Menschen auf Holzstegen über ihre Brutfelsen laufen und sich die Nase wegen des Kotgestanks zuhalten. Man zahlt Eintritt dafür in Betty's Bay oder in Boulders bei Simon's Town an der Kapspitze, um die Kolonien sehen zu dürfen, die eigentlich an genau dieser Stelle sind wegen der (einstigen) Ungestörtheit. Und seltsamerweise ist es so, dass immer mehr Menschen kommen, seit man die Pinguine aufwendig schützt und Zäune errichtet hat.

Davon kann keine Rede auf Dyer Island sein, der schon mehrmals erwähnten Insel, deren Gewässer ein weltweiter Treffpunkt des Weißen Hais sind.

Der staatliche Naturschutz unterhält hier eine Forschungsstation, denn die einen Kilometer lange Insel ist fast das ganze Jahr von Pinguinen und Kormoranen bewohnt, deren Kot, der *Guano*, über Jahrzehnte abgebaut und als Düngemittel verwendet wurde. Dadurch verschwanden die Nesthöhlen der Pinguine und die Bäume, die durch herbeigewehte und ausgeschiedene Samen auf dem Kot wachsen konnten und den Tieren unter der rastlosen südafrikanischen Sonne Schatten boten.

Die Nesthöhlen wurden durch Fiberglasschalen ersetzt, die wegen der Überfischung verwaisten Jungen werden am Ende der Brutzeit jedes Jahr eingesammelt und in Kapstadt zu Hunderten von privater Hand aufgepäppelt. Von denselben Hilfsorganisationen, die nach der Ölkatastrophe im Jahr 2000 halfen, die Seevögel zu waschen und zu rehabilitieren.

Das ökologische Gleichgewicht der kahlen, stinkenden Insel, die nach einem Schiffbrüchigen benannt wurde, der es ein Jahr lang hier aushielt, bis er durchs haiverseuchte Wasser ans Land schwamm, ist fragil, weshalb dieser Flecken Land für die Öffentlichkeit gesperrt ist. Wir hatten allerdings Gelegenheit, uns die Insel anzusehen.

Der Strand von Dyer Island besteht aus Perlemoenschalen, deren Fleisch entlang der Küste gewildert wird. Und gelegentlich sieht man Taucher, die sich in das gefährlichste Gewässer der Welt wagen für ein wenig des zähen

Muschelmuskels, der in Asien hohe Gewinne bringt. Von Weitem hört man das Röhren der Robben von einer nahen, 300 Meter langen Nachbarinsel. Durchs Fernglas erkennt man riesige Tiere, dicht an dicht gedrängt. Nähern sie sich Dyer Island, werden sie verscheucht, weil sie ansonsten die Pinguine vertreiben und teils fressen.

Sieht man die Riesen der Tierwelt seltener, fällt einem irgendwann der Reichtum an Vögeln auf. Wandervögel wie der Storch und der Falke kommen aus dem europäischen Herbst und bleiben manchmal sogar für immer, wie die englischen und deutschen Rentner, die am Kap das neue Mallorca entdeckt haben.

Wir sind die *Hadedas* (Hagedasch) in unserem Garten gewohnt, große Ibisse, die mit ihren langen Schnäbeln die Regenwürmer aus dem Boden ziehen, die wir zum Angeln oft vergeblich suchen. Ihr lautes Krächzen ist überall zu hören, dabei sind sie noch relativ junge Einwanderer. Unten am Fluss tauchen *Kingfisher* (Eisvögel), und die *Sugarbirds* (Honigfresser) besuchen einen im Garten, weswegen viele Südafrikaner eine offene Flasche mit rot gefärbtem Zuckerwasser aufstellen. Ganz andere Vögel sehen die Ornithologen und Vogelbeobachter, die sich wie im Paradies fühlen. Es sind oft sehr stille, ältere Menschen, die mit kleinem Fernglas und Kamera durch die Natur schleichen und sich an den Hunderten von Vogelarten erfreuen, die das ständige Blumenmeer des Fynbos bewohnen, die Lagunen und die scheinbar tierarmen Landstriche der Wüste. Oder die tagelang ausharren, um einen Weißkopfadler an seinem Nest oder eine Eule beim Jagen zu fotografieren. Letzteres kostete einem bekannten Fotografen ein Auge. Die Eule war schneller.

Eish bru!
Slang und Sprachgebrauch

Anglo African oder *African English* wird das Englisch genannt, das in Südafrika und fast allen subsaharischen Ländern gesprochen wird. Englisch ist die inoffizielle Amts-
sprache und die Sprache, mit der man sich fast überall in
Südafrika verständigen kann. Oft kommt es vor, dass sich
eine Gruppe von Menschen auf Englisch unterhält, obwohl es für alle eine Fremdsprache ist. Ähnlich wie in
New York fühlt man sich, obwohl manchmal stammelnd
und mit deutschem Akzent, nicht als Außenseiter, weil
gerade die Sprachschwierigkeit uns alle vereint. Wir sind
aber immer wieder in Gegenden gekommen, in denen
kaum eine Seele Englisch sprach und alle Einwohner, egal
welcher Hautfarbe, auf Afrikaans kommunizierten. Vor
allem auf dem Land wird gern zu allen Fragen, die jemand auf Englisch stellt, genickt, denn es wäre unhöflich,
dem Fremden nicht zuzustimmen. In solchen Situationen empfiehlt sich, was ein Verwandter auf seinen Reisen des Öfteren macht: Er spricht Bayrisch. Und wird oft
besser verstanden als andere mit ihrem Schulenglisch.

Das afrikanische Englisch hat viele Eigenheiten und einen eigenen, unüberhörbaren Akzent, den Leonardo diCaprio für den Film »Blood Diamond« so eifrig gelernt hat. Erstaunlicherweise hat der Akzent des Englisch sprechenden Afrikaaners sich auf die hiesigen Engländer übertragen, als wollten sie den Buren entgegenkommen. Eine Form von Assimilation, wie man sie bei deutschen Jugendlichen beobachten kann, die in einer stark türkisch geprägten Umgebung aufwachsen.

Die Aussprache in Afrikaans wie in Englisch variiert in den einzelnen Regionen, wenn auch nur minimal. Am Kap zum Beispiel werden kurze Vokale lang ausgesprochen: *bed* wird zu beed, *leg* zu leeeg usw. *Water* wird fast amerikanisch wooder gesprochen, während das Gras ganz englisch graas heißt, mit einer Tendenz, das A fast zu einem O zu dehnen. *Years* wird hier gern zu yööörs. Umgekehrt werden lange Vokale kurz gesprochen, was die *parts* zu pots macht; und rum hat nichts mit hochprozentigem Alkohol zu tun, sondern ist ein Zimmer, ein *room*.

Schon solche unterschiedlichen Aussprachen können zu Missverständnissen führen. Eine gemeinsame englischsprachige Freundin benutzte das uns unbekannte Wort turfview. Nach einigem Rätseln stellte sich heraus, dass sie von *the two of you* gesprochen hatte. Wenn sie *two* sagt, klingt es wie *toe*. Schnell gesprochen ergibt *the two of you* so eindeutig turfview. Damit sind wir bei einer weiteren Eigenheit der Südafrikaner: mehrere Wörter zu einem zusammenzuziehen. Wie das rätselhafte dishdubbed, das sich bei einer Dinnerparty als die Vergangenheitsform des Verbs *dish up* entpuppte: dished up, dishdubbed.

Schulkameraden fragen unsere Kinder oft nach deutschen Worten oder Sätzen. Sie wollen wissen, was *I love you* auf Deutsch heißt oder *you are stupid*.

Diese Sätze werden dann weitergetragen, und wie bei dem Spiel Stille Post, wo ein Wort oder Satz von einer Person zur anderen ins Ohr geflüstert wird, gehen einzelne Silben verloren und neue Worte entstehen. Aus »Du bist blöd« wurde so *duplisted*. Duplisted ist das neue Wort für *stupid*. *You are duplisted*. Mr. du Plessis, der nicht so beliebte Mathe- und Geografielehrer, wird seitdem Mr. Duplisted genannt. Ein Beispiel kreativer Wortbildung und Sprachschöpfung durch den Einfluss unterschiedlicher Kulturen.

Wenn sich Sprachforscher in vielen Jahren einmal auf die Suche nach der Herkunft dieses Wortes die Köpfe zerbrechen, finden sie hoffentlich in diesem Buch die Lösung.

Für Deutsche ist es leichter, sich mit Afrikaans sprechenden Menschen auf Englisch zu unterhalten, auch wenn deren Akzent oft schwer zu verstehen ist. Fehlen uns die englischen Begriffe, behelfen wir uns mit Worten unserer deutschen Muttersprache, und meist findet unser Gegenüber zu beider Freude eine Entsprechung in Afrikaans.

Selbst Fehler, die uns oder ihnen im Englischen unterlaufen, führen nicht zu Miss- oder Unverständnis, sondern im Gegenteil oft zu besserem Verständnis. So benutzte eine Freundin beim gemeinsamen Stachelschwein-Pie-Essen das Wort »Wild« anstatt des englischen *game,* über dessen Bedeutung wir lange gerätselt hatten. Ein *Game Park* ist, um alle Verwechslungen hiermit endgültig auszuschließen, kein Vergnügungspark, wie die wortgetreue Übersetzung schließen lassen würde, sondern etwas, wonach man Ausschau halten sollte, wenn man Wildtiere in (fast) freier Wildbahn sehen will.

Südafrika ist durch seine vielen Sprachen reich an Slang. *»Sharp, sharp«*, antworten einem gern die schwarzen Parkwächter. Sie wollen uns nicht sagen, dass wir scharf sind, sondern dass alles bestens ist. Das Gleiche gilt für *tight*, was eigentlich eng oder eng anliegend meint und dem in Deutschland weitverbreiteten »geil« entspricht. Das Pendant im Afrikaans ist *lekker*. Südafrikaner sind oft erstaunt, dass man im Deutschen einen Bootsausflug oder ein weinseliges Nickerchen am Strand nicht lecker nennen kann, denn alles kann hier *lekker* sein. Ein Mädchen *lekker* zu nennen kann einen allerdings auch hier in Schwierigkeiten bringen. Dann schon eher zärtlich *bokkie*, Springböckchen, wie auch Männer genannt werden können – aber nur von älteren Damen.

Ein Sotho aus dem Nordosten des Landes wird das Wort kaum verstehen, aber eine Entsprechung haben in Sesotho, weil in Südafrika alle die »Springboks« lieben, die Rugbynationalmannschaft, der man aufmunternd *»Bokke! Bokke!«* zuruft, obwohl sie inzwischen offiziell »Proteas« heißt.

Dass sich viele Südafrikaner nicht so einfach verständigen können, liegt daran, dass die Republik elf offizielle Sprachen kennt. Die Mehrheit der schwarzen Südafrikaner spricht isiZulu, die Sprache der Provinz KwaZulu-Natal nördlich von Durban und des einst stärksten Stammes Südafrikas, gefolgt vom eng verwandten isiXhosa der Xhosa, die von den kriegerischen Zulu in den Süden an den Kei River Richtung East London und Port Elizabeth vertrieben worden waren.

Wer bei der Wettervorhersage oder auf der Landstraße Ausschau nach diesen Städten hält, sucht manchmal vergeblich. Das stark indisch geprägte Durban der Zulu wird neuerdings auch eThekwini genannt. Das von den Xhosa geprägte East London heißt jetzt kurzerhand Buffalo City, und Port Elizabeth – meist zu PE abgekürzt – wurde in Nelson Mandela Bay umbenannt. Aber das auch nur manchmal und nicht überall. Und wenn man einen Buren nach Mangaung fragt, wird er wahrscheinlich nur die Schultern zucken, dabei liegt das umbenannte Bloemfontein im Herzland der Buren, dem Free State, den sie auf dem endlosen Treck von Kapstadt nach Johannesburg und weiter nach Pretoria durchzogen, das je nach Zugehörigkeit auch Tshwane heißt.

Afrikaans ist die drittgrößte Muttersprache Südafrikas und war die offizielle Sprache des Apartheidregimes. Deswegen hängt ihr zu Unrecht ein Makel des Gestrigen und Rassistischen an. Afrikaans wurde früher auch Kap- oder Küchenholländisch genannt und ist ein rebellisch kreativer Sprech holländischer, deutscher und französischer Einwandererkinder und der mit ihnen verbundenen Nachfahren der Khoisan und Cape Coloureds. Afrikaans erlangte vor nicht mal 100 Jahren offiziellen Status und gilt als die jüngste Sprache der Welt. Deshalb wimmelt es in ihr vor derbem Wortwitz und kindlichem Alltagsslang. *Blekbrein*, Blechgehirn, nennt man hier den Computer. *Spokasem*, Spuk- oder Geisteratem, die Zuckerwatte.

Es gibt durchaus Buren, die kaum Englisch sprechen und diese Sprache nie richtig gelernt haben. Ein junger Immobilienmakler erklärte uns in bestem Oxford-Englisch, dass er sich bis vor wenigen Jahren geweigert habe, Englisch zu sprechen.

Viele traditionelle Afrikaaner schicken ihre Kinder auf Afrikaans-Schulen, auch wenn die meisten Schulen getrennte Afrikaans- und Englischklassen haben. Afrikaans ist noch heute Pflichtfach und muss bis zur Matric (Abitur) beibehalten werden, worüber sich unsere Kinder bitter beschweren. Trotzdem wird, wenn ein Bure und ein »Engländer« zusammenkommen, meist Englisch gesprochen, was die Buren zähneknirschend akzeptieren.

Südafrika ist nach Indien das Land mit den meisten offiziellen Sprachen. Zu den Hauptsprachen isiZulu, isiXhosa, Afrikaans und Englisch kommen noch die Stammessprachen Nord-Sotho und Süd-Sotho, die nördlich von und im unabhängigen Königreich Lesotho gesprochen werden. Im Norden an der Grenze zu Simbabwe spricht man isiNdebele. Die Ndebele sind berühmt für ihre bunten, geometrischen Muster, mit denen sie ihre Häuser verzieren. Offizielle Sprachen sind außerdem Setswana, Siswati, Tshivenda, Xitsonga und Sepedi; zu den nicht amtlichen zählen Fanagalo, Lobedu, Nördliches Ndebele, Phuthi und die Buschmannsprachen Khoe, Nama und San. Dass keine Sprache der Urbewohner eine offizielle ist, liegt daran, dass die Buschleute ihre Sprache kaum bewahrt haben. Dafür sind sie im Staatswappen verewigt mit dem Wahlspruch »*!ke e: / xarra // ke.*« Was heißt: Verschiedene Völker vereint.

Ausrufezeichen, Doppelpunkt und Schrägstriche sind ein Versuch, die Klick- und Schnalzlaute dieser Urnomaden darzustellen. Die komplizierten Rachen- und Zungengeräusche haben den vom Norden eingewanderten Xhosa so gut gefallen, dass ihre Sprachen heute voll dieser freudigen Laute sind, die für uns so schwer nachzumachen sind.

Die leider vor Kurzem verstorbene Miriam Makeba hat sie weltberühmt gemacht mit dem »Clicksong«, den sie noch kurz vor ihrem Tod in Italien sang. Es ist ein

Lied, das sich nicht nur der Besonderheiten der sinnlichen Laute im isiXhosa bedient – die Vorlage war ein traditionelles Hochzeitslied –, sondern auch (unabsichtlich) den Widerstand gegen die Apartheid symbolisierte. Für andere ist es einfach eine nostalgische Erinnerung. Wir waren überrascht, als wir einen englischstämmigen Farmerssohn aus der Transkei in Madagaskar trafen, für den der Clicksong sein tiefstes Heimatgefühl ausdrückte. Xhosa war die Sprache seiner Kindheit.

Die Apartheid konnte zwar die Menschen auseinanderreißen, aber nicht die Sprachen. Bei der Vielfalt so vieler Sprachen bedient sich jeder der Worte, die ihm passen. Funny Galore, oder Fanagalo, nennt man die »Bastardsprache« der Gold-, Diamanten- und anderen Minen. In den tiefen Schächten waren Schwarz, Weiß und Farbig untrennbar, und das beste Wort aus jeder Sprache wurde genutzt, um sich zu verständigen. *Fanagalo* ist Zulu für »Mach es so!« und besteht hauptsächlich aus Zulu-Wörtern. Wer diese Sprache beherrscht, kann sich zwar nicht schön ausdrücken, wird aber fast überall im Land verstanden, sogar manchmal in den Ländern, aus denen viele Minenarbeiter kommen, etwa Mosambik, Simbabwe oder Kongo. Fanagalo ist sogar eine offizielle Trainingssprache in den Minen.

Ein ähnlicher Mix aller Sprachen ist der neue südafrikanische Slang. Kumpels nennen sich *bru* oder *bra* (von *broer*, afrikaans für »Bruder«) oder *chana* (»Cousin« in isiZulu) oder *china* (engl. für Geschirr, *plate,* was sich auf *mate,* Kumpel, reimt*). Skollie* kann man seinen Freund nennen, auch wenn es ein Wort ist, das die griechischen Ladenbesitzer den jungen Ladendieben hinterherriefen. Ein richtiger Verbrecher ist man erst als *tsotsi,* als Teil einer Gang in der *lokshin,* denn die Slums heißen längst nicht mehr *informal settlement* oder *township,* sondern eben *lokshin* (aus engl. *location*). IsiXhosa wurde auch um englische Wörter bereichert. *Izispecs* sind Sonnenbrillen (engl. *specs*), *imoto* steht für Auto.

Seit Südafrika WM-Gastgeber war, blasen auch die Buren in die *vuvuzelas,* die langen, lauten Plastiktröten der ehemals rein schwarzen Fußballfankurven, gehen zu *Indabas* (Zulu für »etwas ausdiskutieren«) und reden von *Ubuntu,* was ursprünglich der Stammeszusammenhalt war und heute das etwas abgenutzte Schlagwort für hilfreiches Zusammenstehen aller Südafrikaner ist. Auch der traditionelle Medizinmann, der oder die Sangoma, mit den *muti,* den Zaubermitteln, die vom Schnupfen oder den Ehemann vom Fremdgehen heilen sollen, sind Allgemeinplätze. Spätestens seitdem es weiße Sangomas gibt, die sich in Leopardenfelle kleiden und ihre afrikanischen Urahnen um Rat fragen.

Weil das Leben nicht leicht und jede Schwierigkeit mit Humor gesehen werden muss, werden in Südafrika ständig neue Redewendungen und Worte geschaffen. *Whenwes* sind die Langweiler, die aus den ehemaligen Nachbarkolonien Simbabwe und Botswana stammen und jeden Satz anfangen mit »*When we were in* ...«. Der Ausdruck *Z3* meint zwar auch ein beliebtes Sportauto, wegen dessen Schnelligkeit steht Z3 allerdings auch für die Ausbreitung von Aids. Und schon Jahre bevor Thabo Mbeki als Präsident gestürzt wurde, nannte man leeres Geschwafel *pulling a Mbeki,* den Mbeki machen. Der beschwor in den langen Jahren der Simbabwekrise immer die stille Diplomatie. Und das war, wenn er gar nichts tat.

Wie stark Sprache Wünsche und manchmal (falsche) Hoffnungen ausdrücken kann, zeigen die Namen aller Besiedlungen aus der Zeit der Rassentrennung und Umsiedlung. Die Townships oder lokshins um Kapstadt heißen etwa *Gugulethu* (Unser Stolz), *Langa* (Sonne) oder *Nyanga* (Mond). Der Innenstadtbezirk District Six wurde nach der Zerstörung durch die Buren in *Triomf* (Triumph) umbenannt und lag dann auch passenderweise bis in die Gegenwart brach. Die illegale Siedlung *Imizamo Yethu* (»Durch gemeinsamen Kampf«) im vornehmen Hout Bay ist dem Namen nach noch ein frommer Wunsch. Was in Südafrika etwas Gutes ist: der fromme Wunsch. Denn wie man es benennt, so soll es sein.

So wird es auch mit den Namen gehalten, die in der afrikanischen Kultur immer einen kulturellen Hintergrund haben. Sie drücken einen Dank oder eine Botschaft an die Götter oder Vorfahren aus oder sind eine Reverenz an Personen, Plätze oder geschichtliche Ereignisse. Oft ist es auch ein Begriff, der eine gute Eigenschaft bezeichnet, in der Hoffnung, der Charakter des Kindes werde sich in diese Richtung entwickeln. Wie Thandeka (liebenswert), Thembeka (verlässlich) oder Nomondo (Geduld).

Doch nicht immer sind die Namen hoffnungsvoll und positiv. Wenn ein Kind geboren wird, nachdem ein anderes gestorben ist, gibt man ihm einen Namen, der es unwert erscheinen lässt, sodass die Götter sich nicht darum kümmern und es verschonen, wie Nomatyhifililli (hässlich und unappetitlich). Danisile (jemand, der Enttäuschung bringt) deutet darauf hin, dass das Kind nicht gewollt war, Ntombizodwa (nur Mädchen) oder Nokwayiyo (noch ein Mädchen) heißt, dass die Enttäuschung der Eltern, nur Mädchen zu haben, so groß ist, dass sie sich nicht einmal die Mühe machen, einen anständigen Namen für das Kind zu finden.

Diese traditionellen Namen werden nicht mehr nur in Sotho, Zulu oder Xhosa gegeben, sondern immer öfter auch auf Englisch, der Lingua franca. An Precious, Beauty und Princess haben wir uns gewöhnt, aber dazu kommen für uns Westler eher seltsame Namen wie Gift, Enough, Reason, Rain oder Hatred.

Hatreds Name hat eine ganz besondere Geschichte: Er ist eines von sieben Geschwistern; seine Eltern arbeiteten hart, um ihren Kindern eine gute Ausbildung zu ermöglichen. Das verursachte Eifersucht bei der Familie des Vaters und brachte Streit. Da niemand sonst in der Familie Englisch sprach, bereitete es dem Vater ein stilles Vergnügen, seinen Kindern Namen zu geben, die den Umstand beschrieben, in den sie hineingeboren wurden. Ein familiärer Insiderjoke sozusagen.

Die Afrikaaner geben ihren Kindern auch gern Nachnamen als Vornamen, um diese Namen zu erhalten. Wie unserem Freund Murison van Tubbergh Kotzé. Die ersten beiden sind seine Vornamen. Auf einer Silvesterparty wurde uns ein Meier vorgestellt. Sein Nachname war de Villiers.

Anders bei den Coloureds, die auf keine eindeutige Kultur zurückgreifen können, dafür aber auf viele. Identitäten wurden oft schon vor langer Zeit gelöscht. Die richtigen Namen neu eintreffender Sklaven waren den Kolonialherren zu fremd. Also nannten sie sie nach dem Monat der Ankunft, zum Beispiel October, November, February etc., oder nach Figuren aus der griechischen oder der römischen Mythologie, wie Apollo oder Adonis. Fortuin (Glück), Matthys (Matthäus aus der Bibel) und Geduld sind ebenfalls typische Sklavennamen.

Sprachforscher sind auf die seltsame Tatsache gestoßen, dass Afrikaaner ihren Töchtern gern Namen mit »Char-« geben – wenn sie sie nicht gleich nach Weinreben benennen, wie Chardonné. Charlize Theron ist ein Beispiel dafür, wobei dahingestellt sei, ob sie nicht vielleicht sogar der Grund für diese Namensvorliebe ist.

Häufig werden auch englische Namen phonetisch, aber in ganz eigener Schreibweise übernommen. Cheryl wird zu Shereel. Craig zu Graig, aus Sven Svem (Schwimm) und aus Ferdinand Fairdy.

Während die englischstämmigen Südafrikaner neben klassischen Varianten Namen wie Summer, Indigo, Savannah, Sahara oder Shanti wählen oder sich afrikanischer Namen wie Thandi, Lindiwe, Zinzi, Thabo und Sipho bedienen, kennt der Einfallsreichtum in der Coloured-Kultur oft keine Grenzen. Und da es eben nicht um Tradition geht, muss etwas her, das mediterran und phantastisch klingt wie Shellee, Annetoinette oder Jonaldinia-Petronella.

Unschlagbar ist *Cassarah*, phonetisch abgeleitet von einem melancholischen Schlager, den wir alle kennen: »Que sera, sera; whatever will be, will be ... «

Ein Ei, ein *Wicket* und viele *Vuvuzelas:* Sport

Die Freude war unfassbar, als Südafrika die Weltmeister-schaft gewann, das ganze Land war im Freudentaumel. Fahnen wurden aus rasenden Pick-ups geschwenkt, und Menschen tanzten um Straßenlaternen. Südafrika Weltmeister, unglaublich! Obwohl nicht ganz unerwartet.

Eish! Nie man! Die Rede ist nicht vom *sok-ah* oder *futbohl,* sondern vom *raag-by.* Südafrika wurde 2007 mit den Springboks Rugby-Weltmeister, wie schon 1995, was damals als göttliches Zeichen für den Neuanfang Südafrikas gesehen wurde.

Nelson Mandela persönlich überreichte damals in einem Springbok-Trikot dem Kapitän und weißen Afrikaaner François Pienaar die Trophäe. 2007 war es nicht anders, schwarzer Präsident, weißer Kapitän. Rugby kennt kaum schwarze Spieler und kaum ebensolche Fans, aber für den Weltmeistertitel war alles egal. Es wurde gefeiert, weil Südafrika mit den *AmaBokoboko* (isiZulu für »Springbock«) wieder an Ansehen gewann nach den Jahrzehnten als politisches und sportliches Schlusslicht der Welt.

Der internationale Sportboykott seit den späten 1970ern war zwar ein deutliches Nein an die Apartheid und nagte an der Selbstherrlichkeit der Buren, zerstörte aber auch viele Hoffnungen unter den Nichtweißen, die als Sportler keine Anerkennung woanders finden konnten, schlicht weil sie Südafrikaner waren. Sport wurde, statt eines Auswegs aus der Armut, eine Einbahnstraße in die rassengetrennten regionalen Ligen und Meisterschaften.

Sport ist nicht gleich Sport. Was bei uns Freizeit ist und oft Leidenschaft, ist in Südafrika Hoffnung und immer Spaß. Fußball wird in den Townships nicht zum Entspannen und nach der Arbeit gespielt, sondern oft statt Arbeit und Frust. Das erklärt auch, warum die Mordrate dramatisch sank, als Südafrika erster afrikanischer Gastgeber der FIFA WM wurde. Die Brüder und Schwestern der Townships hatten plötzlich Hoffnung statt Totschlag.

Die WM war ein großer Schritt aus der Gebrochenheit und Verlorenheit, die die Apartheid hinterlassen hat. Und mit der WM war plötzlich die ganze Welt zu Gast bei einem Spiel, das sonst am häufigsten von Jungs im Dreck gespielt wird, die nicht einmal einen richtigen Ball haben. War die Rugby-Weltmeisterschaft 1995 noch ein Zeichen, ein Versprechen auf mehr, war die WM 2010 der Anfang des richtig großen Spaßes. Die WM im Land zu haben mit all den internationalen Stars und der Gastgeber zu sein war so aufregend wie einst die Freilassung Mandelas. Das Warten hatte sich gelohnt. Und wirklich keiner beschwerte sich mehr, dass Deutschland 2006 den Südafrikanern zuvorgekommen war. Deutschland, Geeeerrmanny! Pallak! Svinestaiker! Kahnn! Die Fußballer der europäischen Ligen waren so groß wie die Guerilla-Helden des ANC.

Wenn Sport mal ausnahmsweise nicht selbst gespielt wird, sind Südafrikaner auch nicht anders als Engländer, Deutsche und Italiener: Man hockt in lärmenden Gruppen vor dem Fernseher. Es wird getrunken und gelacht, und überhaupt ist es das Schönste der Welt. Manchmal, denn Südafrikaner würden sich nie auf nur das eine begrenzen. Essen gehört immer dazu, was zu seltsamen Kombinationen führen kann.

Wir begingen nicht nur einmal, sondern gleich zweimal den Fehler, eine Einladung zu einem Potjekos anzunehmen, obwohl ein wichtiges Rugby-Match anstand. Beim ersten Mal konnte der Gastgeber glücklicher gar nicht sein. Er war Immobilienagent, der Markt boomte (2006), Kinderlärm und Geschnatter waren um den Esstisch, Fleisch und Gemüse im Topf über dem Feuer und ein Rugby-Match im Fernsehen. Es störte ihn nicht, dass wir nicht mit ihm das Spiel gucken wollten, er wollte aber auch nicht den Kochlöffel abgeben. Das hing damit zusammen, dass beim Rugby nicht oft etwas passiert, man also nur alle zwei Minuten hinsehen muss, wenn nicht gerade Schreie der Aufregung von den Nachbarn kommen.

Der Gastgeber rannte also hin und her, plauderte, rührte im Topf, entschuldigte sich für die Verspätung »wegen des Rugbys«, und nach sechs Stunden Bier, Chips und Umrühren war es uns eigentlich egal, was es zu essen gab. Vielleicht ein Grund, warum wir Gemüsebrei mit Suppenfleisch, Rugby und Erdnussflips nicht mehr sehen können.

Rugby war uns schon davor ein Mysterium. Ein Haufen wuchtiger Männer mit Händen, so groß wie Schaufeln, die ganz selten mal mit der Pille oder dem Ei, sprich dem Ball, übers Feld rennen und sonst die meiste Zeit aufeinanderliegen und schreien, wobei der ganz unten die Pille fest umklammert und unglaublich viel geschnauft und gegrapscht wird. Ein seltener Anblick unter den ansonsten eher homophoben Afrikaanern. Männer, sonst schweigsam wie ein Findling in den kargen Cederbergen, brüllen und sabbern vor Aufregung, wenn ihre Söhne bei einem Match der Grundschulen gegeneinander spielen. Die armen Kinder kommen kaum zum Spielen, weil eine aufgebrachte Horde von Vätern entlang der Spiellinie tobt und unverständliche Anweisungen schreit. Man könnte fast sagen, im Rugby steckt die Libido der Afrikaaner, so erotisch ist ihre Sehnsucht nach einem platt gedrückten Ball auf einem Feld, das Zentimeter um Zentimeter erobert werden muss mit Stöhnen, Ringen und Schwitzen.

Als wir beim Finale 2007 mit Freunden das Spiel gegen England sahen, saßen wir neben Gysbert, einem netten Kerl, der von seiner Frau verlassen wurde, weil er nie ein Wort sagt und auch sonst kaum Gefühle zeigt. Keiner der Gäste trank Bier, und alle Lichter waren an, aber das Haus dröhnte vor Johlen und Freudenschreien, Stöhnen und Ächzen. Gysbert schlug mir auf die Schenkel, schrie, lachte, weinte und sprach mehr als sonst in einem ganzen Jahr (andere Spiele ausgenommen), während sich auf dem großen Bildschirm ständig die Spieler wie wild gewordene Metzgergesellen aufeinanderwarfen, um Schwung und Fluss des Spiels zu stoppen. Denn das ist es, worum es beim Rugby geht. Die Pille muss ins Gras genagelt werden. Wie elegant und lebensbejahend dagegen ein Sport wie Fußball!

Rugby ist in fast ganz Südafrika allgegenwärtig. Auf jedem Schulfeld sieht man geschweißte Kästen mit Polstern für die Jungs zum *Scrummen*: Mit aller Wucht wird das Gerät gemeinsam und Schulter an Schulter übers Feld geschoben mit dem schreienden Sportlehrer obendrauf, damit die Jungs lernen, sich durchzusetzen (und auf dem Feld den Gegner wegzuschieben). Was für ein Bild für die Buren, die sich gegen die neue Welt stemmen. Dabei haben sie das Spiel von den einst verhassten Engländern übernommen, gegen die sie im Zweiten Burenkrieg Anfang 1900 während der Waffenstillstände sogar spielten.

Mit solch einer Wucht prallt man beim Rugby aufeinander, dass sich viele der massigen Afrikaaner wie kreuzlahme Omis durchs Leben schleppen mit irreparablen Rückenschäden, aber auf ewig stolz auf den Sieg von damals. Der 50-jährige Getränkeladenbesitzer sitzt seit zwei Jahrzehnten im Korsett an der Kasse, der 18-jährige durchtrainierte Junge von nebenan kommt von seinem ersten High-School-Match in Pretoria mit einer Halskrause und einem eingeklemmten Nerv zurück. Er hatte gerade mal fünf Minuten gespielt, als er von der gegnerischen Horde überrannt wurde.

Unser Sohn, der alle Klassenkameraden um zwei Köpfe überragt, wird seit Jahren angefleht, doch in der Schulmannschaft zu spielen. Mit Hundeaugen bettelt der sonst ruppige Coach darum, aber wir haben es verboten. Gerade wegen seiner Größe würde er unweigerlich von den breiten kleinen Dampfwalzen in den Boden gerammt werden. Überhaupt haben wir allen Jungs, die uns besuchen, untersagt, in irgendeiner Form andere zu Fall zu bringen, die Luft abzudrücken oder das Rückgrat zu brechen.

Wohin die Liebe für Rugby gefallen ist, ist noch verwunderlicher als beim Cricket. Beim Rugby ringen Länder wie Samoa, Fiji, Rumänien, Tonga und Frankreich mit Commonwealth-Staaten wie Neuseeland, Australien, England und Kanada um Ruhm und Ehre. Und weil es so ein Außenseitersport ist, haben wir gelernt, diese absurde Leidenschaft für die Menschenkarambolage mit einem liebevollen Blick zu betrachten. Es ist ein wenig wie in dem Film »Crash«, der im körperlichen Aufeinanderprallen die Sehnsucht der Menschen erkennt, sich zu berühren, weil man sonst immer nur aneinander vorbeigeht.

Der südafrikanische Gegensatz in Leidenschaft und Spiel wird erst richtig beim Fußball und beim Cricket klar. Cricket ist ein exzentrisches englisches Rasenspiel, bei dem aber möglichst wenig passiert, um die vielen Liter Gin Tonic in den Spielern nicht zu sehr in Wallung zu bringen in der tropischen Hitze. Sicher ein feines Spiel für die Dorfwiese oder den indischen Country Club, in Südafrika aber sitzen Menschen (Männer) tagelang vor dem Fernseher, um ehemals englische Kolonien gegeneinander antreten zu sehen in einem Spiel, bei dem erstaunlich junge, sportliche Männer einen harten Ball zu einem Mann mit Holzschläger schleudern, der ihn, den Ball, mit Mühe ablenkt, worauf die Menge tobt und schließlich wieder Ruhe einkehrt für eine Weile, um alle möglichen Herzpatienten unter den Zuschauern zu schonen.

Was für ein Gegensatz zu 22 Fußballern, die alle gleichzeitig wie die Verrückten herumwuseln, um das Lederding ins Netz zu kriegen. Und das in überschaubaren 90 Minuten mit einer guten Unterbrechung zwischendurch, um zu pinkeln und neue Getränke ranzuschaffen.

Sicher liebt Gott die Cricket-Spieler, ebenso wie Rugby-Spieler, aber seine Leidenschaft gehört ganz klar dem Fußball, wo geschwitzt, geflucht, geweint und gejubelt wird, denn Gott liebt Action. Sok-ah ist ein großer Teil der südafrikanischen Zukunft. Der Sport der Underdogs, der Massen, der Verrückten und Euphoriker. Fußball und WM sind die Antwort auf die immer noch ungelöste Apartheid, weil sich endlich etwas bewegt.

Anders als in Europa wird hier beim Fußball weniger gegrölt als getanzt, aus Lebensfreude, und das ständig. Es gibt sogar einen neuen Tanz, den angeblich ein kleiner Junge erfunden hat, den *diski*, bei dem sich all die großartigen Bewegungen des Spiels in einem synchronisierten Straßentanz wiederfinden. Wer sich jetzt wundert, dass Fußballfans eine Choreografie entwickeln, dem sei gesagt, dass alle freudigen Ereignisse in Afrika einen Tanz haben. Während unsereins sich vor Begeisterung auf der Couch ins Koma trinkt oder enthusiastisch schweigt und fernsieht, gehen Südafrikaner auf die Straße, auch weil da mehr Platz ist, und tanzen entweder wie Bienen die Schrittmuster ihrer Stämme oder improvisieren wie beim Diski Dance.

Bei einer Hochzeit von Freunden, sie eine Xhosa, er ein Tswana und Coloured, standen nach der Zeremonie erst alle freundlich und feierlich herum, ganz in europäischer Manier, aber nach einer Stunde hielten es Braut und Bräutigam nicht mehr aus, und es wurde endlos in einer Art Polonaise zum Rhythmus uns unbekannter Lieder getanzt und gesungen.

Vielleicht muss man Fußball in Südafrika eher als Tanz sehen, wie alle Ballspiele. Im Gegensatz zu deutschen Spielern lachen schwarzafrikanische beim Spielen. Weil es einfach so unfassbar Spaß macht. In unserem Dorf muss man nur mit einem Ball durch die Straßen laufen, schon folgen einem Kinder wie dem Rattenfänger von Hameln.

Hauptsache spielen, Rugby-Ei okay, Cricketball und -schläger auch nicht schlecht, richtiger Lederfußball – und die Augen leuchten. Außer in Villenvierteln mit hohen Mauern und Schießanlagen kann man mit einem Ball überall in Südafrika Freunde gewinnen.

Wir haben es oft genug selbst erlebt. Wenn wir mit unserem Sohn oder den Internatskindern von nebenan auf die Dorfwiese gehen, um irgendetwas zu spielen, stehen Kinder in Schlafanzügen, ohne Schuhe, Jugendliche mit tief hängenden Hosen und Barack-Obama-Gürtelschnallen, Straßenarbeiter in Neonwesten und natürlich auch Mädchen an den Seiten und warten darauf, dass man sie zum Mitspielen einlädt.

Fußball ist für Südafrika nicht nur ein Sport und die WM ein Ereignis. Fußball zu spielen offenbart das afrikanische Herz Südafrikas, das so lange brachlag. Das Ende der Apartheid hat die gebildeten und führenden Schwarzafrikaner zu Regenten und Wirtschaftsbossen gemacht, aber nicht die überwältigende Mehrheit, die immer noch oft ohne Job, Internet, Ausbildung, Geld, Zukunft, Auto, Gerechtigkeit, Infrastruktur, Klos, Straßen, Väter, Aufklärung, Dach über dem Kopf und warmer Mahlzeit auf dem Land oder in den Townships sitzt und etwas Sinnvolles tun will. Und etwas, was man sofort und ohne Formulare tun kann, ist Fußballspielen (sonst ist nahezu alles in einem fast preußisch bürokratischen Wust totgeregelt, um Parteigenossen des ANC Arbeit im Staatsapparat zu geben).

Wenn man bedenkt, wer Verbrechen begeht und warum, merkt man schnell, dass Sport genau diese fehlgeleitete Energie auffängt und umleitet. Verbrechen werden von arbeitslosen jungen Männern begangen, die keine Ausbildung und keine positiven Vaterfiguren haben. Fußball mit seinen Stars und seiner internationalen Anerkennung bietet ihnen ein Ziel, einen Sinn, und gibt ihnen gesellschaftlichen Rang. Darum wird Fußball auch so gefördert. Und das einzige Problem, das daraus entstehen kann, wenn wirklich jeder trainiert und in den neuen Fanparks mit privat und staatlich geförderten Trainern spielen kann, ist, dass nicht jeder ein »Doktor« Fred Kumahlo und Volksheld werden kann. Nicht jeder kann bei den Kaizer Chiefs oder den Orlando Pirates (Johannesburg), bei Santos oder Ajax (Kapstadt), bei den Mamelodi Sundowns (Pretoria) oder den Bloemfontein Celtics spielen und vor den Abendnachrichten Werbung für Deoroller machen wie eben Fred Kumahlo, für dessen Abschied aus dem Profifußball der Premier League die Kaizer Chiefs und die Orlando Pirates ein Freundschaftsspiel austrugen. Muss er auch nicht. Dabei sein ist alles.

Und weil nicht jeder auf dem Spielfeld dabei sein kann, mussten sich diejenigen, die zusehen, etwas überlegen. Nur dasitzen oder -stehen ist nicht genug, Lärm muss her, Show, Spaß, und schon waren die Vuvuzelas zu sehen, lange Plastiktröten, die klingen wie ärgerliche Jungelefanten mit Bronchitis und die zur WM in solch beängstigenden Massen hergestellt wurden, dass sich einige Musiker und Komponisten erbarmt hatten und versuchten, den Lärm auf den Rängen zu regulieren. Das Vuvuzela-Orchester trainierte mit Fans bestimmte Vereinsmelodien, traditionelle Songs und die Nationalhymne »*Nkosi Sikelel' iAfrika*« (Gott segne Afrika) zu spielen, wobei jeder nur einen bestimmten Ton spielen durfte.

Vuvuzela und *Makarapa* (darauf kommen wir gleich noch) sind die besten Beispiele für ein Afrika der Gegenwart. Bliesen die Xhosa noch in ihr *ixilongo* und die Tshivenda in ihr *mhalamhala,* also in ihre Kuduhörner, wurden daraus zunächst Blechtröten, ähnlich unseren früheren Fahrradhupen, und schließlich simple Plastiktrompeten, die nicht mehr nur bei Zeremonien, sondern praktisch überall gespielt werden können.

Die Makarapa war ursprünglich ein (Goldminen-) Schutzhelm, den Fans mit ins Stadion nahmen, um nicht von umherfliegenden Flaschen getroffen zu werden. Der Erste, der auf die Idee kam, seine Makarapa zu verzieren, malte wahrscheinlich mit einem Marker sein Vereinssymbol darauf, und wenige Zeit später trugen wahre Fans originell verzierte, bombastische Helme, die Elton John und Grandmaster Flash erbleichen lassen würden. Makarapas sind Vereinsgeweihe und Maibäume, Schutzhelme und Sichtblenden in einem und wurden für die WM ebenfalls in beängstigenden Mengen hergestellt, wenn auch als Einzelstücke.

Weltweit wurden nach der WM in Südafrika Vuvuzelas geblasen und Makarapas getragen, und wir meinen tatsächlich weltweit: in ukrainischen Dorfligen und bei japanisch-chinesischen Freundschaftsspielen. Und das alles, weil das südafrikanische Organisationskomitee der WM unter Danny Jordan nach langem Zögern dieses afrikanische Zauberwerkzeug zugelassen hatte. Danke. Kaum vorzustellen, sie hätten Vuvuzelas und Makarapas, wie ernsthaft erwogen, verboten, so wie sie es in einigen Stadien inzwischen tun.

Eines ist sicher: Die Südafrikaner hätten auch dann ihre Freude am Ball gehabt. Ein Tennisball reicht, und die Kinder vom Internat und wir spielen barfuß und am Flussufer weltklasse Spiele.

Ein Land auf der Suche nach sich selbst: Identität

In Südafrika zählt die Familie. Oft stärker, als man es sich vorstellen kann. Darum sind wir noch heute manchmal überrascht, wie herzlich wir aufgenommen werden, denn auch das gehört zu den guten Sitten einer großen Familie.

Der Familiensinn ist ein Fluch und ein Segen. Familien, Clans und Stämme halten zusammen, oft gegeneinander, weshalb es so schwer ist, als Nation zusammenzuwachsen. Andererseits sehnen sich die Südafrikaner danach, endlich eine große Familie zu sein. Nicht nur gegenüber dem Besucher, sondern auch untereinander.

Das Tragische ist, dass die frühen Anfänge der großen gemeinsamen Familie von den Architekten der Apartheid sabotiert wurden. Gemischte Künstlerviertel wie Sophiatown, heute Soweto, und der District Six mitten in Kapstadt wurden dem Erdboden gleichgemacht. Gemischte Orte wie das ehrwürdige Simon's Town bei Kapstadt wurden saubergekämmt und alle Nichtweißen in euphemistisch getaufte Ghettos deportiert, wie Ocean View, natürlich ohne Meerblick. Statt einer Nation hatte man wieder ein Nebeneinander der Familien. Stämme ist das richtige Wort, denn die isolierte Kleinfamilie ist noch eine Neuheit in Südafrika.

Nicht nur die Xhosa oder Zulu zählen den Neffen vierten Grades zu ihrer engsten Familie, auch die Kapmalaien, die Coloureds und die Afrikaaner denken ähnlich. Ein Xhosa aus dem Madiba-Clan ist stolz auf seines Onkels Schwagers Cousin, dessen Großonkel Nelson Rohilala Mandela heißt, auch wenn sich beide nie begegnet sind. Und unser Freund Andries betrachtet alle Nachkommen der drei Hugenottenbrüder namens de Villiers aus La Rochelle als seine Verwandten, bis zurück ins Jahr 1689. Die de Villiers sind nur eine der vielen bekannten Familien, die dem Kinderreichtum der Bantu-Völker in nichts nachstanden. Als Weinbauern teilten sich die drei Brüder Pierre, Abraham und Jacob auf ihrer Farm in Olifantshoek, heute Franschhoek, ein Pferd, um abwechselnd am Sonntag zur Kirche in Stellenbosch zu reiten. Ihr Reichtum lag in den Nachfahren. Pierre de Villiers erlebte noch sein 100. Enkelkind.

Dass wir ebenfalls zu einem Stamm gehören, merken wir bei Kindergeburtstagen, Ausflügen oder beim Lunch in einem Straßencafé. Erst wird mit Freude festgestellt, dass wir Deutsche sind, dann werden einem alle deutschen Bekannten genannt. Plötzlich soll man eine Frage wie diese beantworten: »Kennst du den Gerhard Bohlsen oder Paulsen aus Hamburg? Oder den Kai aus Köln, der handelt mit Wein?« Echtes Bedauern, wenn man von denen nie gehört hat. Jetzt wird keine Mühe gescheut, einen mit anderen Deutschen zusammenzubringen, als wäre man eine Zimmerpflanze ohne Wasser.

An den Gemeinsinn der Südafrikaner kommen wir nicht heran. Nicht ungewöhnlich ist es, in einer Londoner Zwei-Zimmer-Wohnung zehn Südafrikaner vorzufinden, die zwar kaum genug verdienen für die geplante Rückkehr, aber dafür sich haben – und auf dem Balkon einen Braai als Heimat.

In Südafrika ist es auch nicht ungewöhnlich, dass der Bäcker vom anderen Ende der Straße dem Elektrikersohn hilft, einen Job bei seinem Exschwager in Australien zu finden. Und ebenso wenig, dass die ehemalige Lehrerin ihren früheren Bankberater fragt, ob man bei ihm in Dubai unterkommen kann. Der Stamm hält zusammen, vom gelegentlichen Individualisten abgesehen, der verrückterweise glaubt, er könne sich wie die Deutschen allein durchschlagen.

Der Zusammenhalt ist nicht nur ein ehemaliger der Siedler gegen die raue Umwelt, sondern vielmehr ein Zugehörigkeitsgefühl, das die Heimat ersetzt, denn Südafrika war und ist ein Land der Entwurzelten. Ein Land vertriebener Hugenotten, nach Weideland suchender Xhosa, nach Wohlstand strebender Inder, entführter Malaien, auf Freiheit beharrender Holländer, vor den Zulu flüchtender Basotho und vieler mehr. Und um keinen zur Ruhe kommen zu lassen, hat die Apartheid auch noch ständig umgesiedelt, um zu trennen, was zusammengehört.

Jedes Land ist genau genommen ein Einwandererland, aber nur wenige Menschen besitzen noch den Pioniergeist der Vorväter. In vielem ähnelt Südafrika einer jungen Nation wie Amerika. Der Mittelstand lebt in langweiligen, uniformen Vorstädten, der schwarze Taschendieb aus dem Township glaubt sich verwandt mit dem superreichen Gangsterrapper aus L. A., und der Durchschnittssüdafrikaner hat mehr Schulden als Verstand.

In vielem sind sich die Schmelztiegel verschiedenster Stämme ähnlich, doch in einigem unterscheiden sich USA und RSA radikal. Südafrika probt erst seit 18 Jahren die Freiheit; ein gemischtes, also ein schwarz-weißes Paar sieht man eher auf Rügen als in Pretoria und am ehesten noch in Kapstadt. Eine Begegnung während des Walfestivals in Hermanus machte das deutlich. Eine Familie saß auf den Bänken des Fish 'n' Chips Shop und aß Calamari in der Nachmittagssonne. Wir kamen vom Angeln im Hafen und setzten uns dazu, begeistert, endlich nach einem Jahr in Südafrika ein modernes, völlig gelassenes gemischtes Paar mit kleinen Kindern zu treffen. Er war eher klein und weiß, sie groß und wirklich dunkel, und es dauerte keine Minute, bis wir uns unterhielten. Das Paar kam aus Hannover.

Um die Menschen und das Land an Afrikas Südspitze zu begreifen, muss man den großen Baukasten der Identitätsfindung kennen, aus dem sich die Südafrikaner bedienen. Sich als Afrikaaner, also Afrikaans sprechender Weißer, zu bekennen, ist für die jüngere Generation erst seit ein paar Jahren wieder möglich, vor allem durch progressive Autoren und Rockbands, die den Charme ihrer Muttersprache und ihrer Kultur wiederentdeckt haben. Den African National Congress, den ANC Mandelas, also das Mutterschiff aller siegreichen Freiheitskämpfer, weiterhin als Heimat zu sehen ist für viele Schwarze dagegen schwierig geworden. Der Zulu Jacob Zuma hat den Vorsitz der bisher xhosa-bestimmten Mehrheitspartei übernommen und das Lager gespalten. Trotz starken Korruptionsverdachts wurde er Präsident. Die Partei ist längst nicht mehr politisch korrekt.

Und die Coloureds standen von Anfang an zwischen den Fronten. Weil sie von Buschleuten, afrikanischen und asiatischen Sklaven und weißen Siedlern abstammen, litten sie sowohl unter der einstigen Bevorzugung der Weißen wie aus der resultierenden Benachteiligung unter den Schwarzen. Daraus entstand zum Beispiel eine Art stolzes Robin-Hood-Gangstertum der armen Fischer am Kap, von denen einige zu großem Wohlstand gekommen sind, indem sie die inzwischen seltene Perlemoen für den chinesischen und japanischen Markt plünderten. Bezahlt wurden sie zu Anfang mit Tik, Metaamphetamin, das die Chinesen billig herstellen konnten und die südafrikanischen Wilderer teuer verkaufen. So kamen die einst zur Minenarbeit herangeschleppten Chinesen beziehungsweise ihre in Triaden organisierten Nachkommen zu neuer Bedeutung als Hehler. Und was einst ein gutes Geschäft war, ist inzwischen zum nationalen Desaster geworden. Mehr als die Hälfte aller farbigen Schulkinder am Kap ist inzwischen tiksüchtig. Der *pcacher,* Wilderer, der dies erst möglich machte, ist dennoch angesehen, und wir kennen einige, Coloureds und Weiße, die nichts falsch daran finden, das Meer für den chinesischen Markt geplündert und damit das Zombiepulver ins Land gebracht zu haben. Andere Coloureds dagegen identifizieren sich ausgerechnet mit der schwarzen Mittelklasse Amerikas oder sogar Barack Obama und kämpfen wie niemand sonst gegen Korruption und Drogen.

Für jeden Entwurzelten ist es wichtig zu wissen, wohin er gehört, das heißt: zu wem. Der Stamm der Holländisch sprechenden *trekboere,* der Wanderburen aus der Kapprovinz, empfand sich im Widerstand gegen die Verwaltung und die Kolonialherren bald als eigenes Volk. Auch wenn ihre Eltern noch Holländer, Hugenotten aus Frankreich oder deutsche Friesländer waren. Sie grenzten sich ab zu den sogenannten Hottentotten, den Buschleuten, den Engländern und den schwarzen Xhosa, mit denen sie sich um Land stritten.

Kriege schaffen Identität. Deutschland als Nation ist so unter Napoleons Attacke entstanden, und in Südafrika ist es nicht anders. Überall Scharmützel um Land, aber vor allem um neue Heimat in einem Land, das Platz genug hat für alle, aber in dem es immer noch darum geht, welcher Stamm über die anderen herrscht. Herrschten früher die Zulu über die Xhosa, die Buren über die Buschleute und die Malaien, die Engländer über die Buren, die Afrikaaner über alle Nichtweißen, wird Nelson Mandelas und Thabo Mbekis Ära gern als die Herrschaft der Xhosa über alle anderen gesehen.

Um Land und Leute zu verstehen, muss man auch die Geschichte kennen, die sogar der jüngsten Generation im Land abgeht, die ohne Apartheid aufgewachsen ist. Der Traum der Apartheid, des Getrenntlebens, war am Anfang nichts anderes als ein Erhaltungsinstinkt des weißen Stammes der Buren, die sich erst später Afrikaaner nennen sollten.

Durch die langjährige Segregation hat Südafrika aber auch einige seiner vielen kulturellen Identitäten behalten. Und noch etwas unterscheidet die beiden ehemaligen Kolonien USA und Südafrika. Die Mehrheit der Südafrikaner stammt nicht von Protestanten, Iren oder Italienern ab, sondern von den vielseitigen Bantu-Clans. Die überwältigende Mehrheit Südafrikas ist schwarz.

Wer zuerst da war, spielt eine untergeordnete Rolle, denn das Land am Ende der Welt war lange leer – mehr oder weniger, denn diverse Funde deuten darauf hin, dass schon vor Jahrmillionen menschenähnliche Wesen hier unterwegs waren. Später durchstreiften die San, Busch-

leute aus der trockenen Kalahari, das Land und hinterlie-
ßen Felsmalereien, Fußabdrücke und Steinwerkzeuge.
Die mit ihnen verwandten Khoikhoi, was »Mensch-
Mensch« oder »eigentlicher Mensch« heißt, wanderten
mit ihrem Vieh durch die wasserreichere Region oder
lebten als nomadisierende Fischer am Meer und in Kap-
nähe. In den ersten Jahrhunderten nach Christus kamen
vom Nordosten her die schwarzen Bantu-Völker aus dem
heutigen Simbabwe ins Land. Von ihnen stammen die
meisten der heutigen Stämme Südafrikas ab. Der Zulu
Credo Mutwa schrieb in seinem Buch »Indaba. Ein Medizinmann der Bantu erzählt die Geschichte seines Volkes«
deren Ursprünge und Mythen nieder. Die bis dahin nur
Wort für Wort und mündlich übertragenen Stammesge-
schichten sind ein afrikanisches Zeugnis, wie es die griechischen Heldensagen für die europäische Kultur sind.
Das 1966 erschienene Werk wurde weltweit bekannt und
gab der afrikanischen Frühgeschichte ein Gesicht und
eine Mythologie. Neben Unsterblichen, der Marimba als
Mutter aller Musik, Tokoloshe (bösartigen Unwesen) und
klugen Sterblichen kommen sogar die dekadenten Phö-
nizier vom Mittelmeer darin vor, die schon 600 vor Christus das südliche Afrika erkundeten.

Mehr als 1000 Jahre nach den Bantu kamen die ersten
Europäer ins Land, über zweitausend Kilometer weiter
südwestlich. Beide Wanderungsbewegungen entstanden
aus Platzmangel, Vertreibung und Neufindung – Südafrikas Grundstein. Seltsam, wie manchmal Geschichte geschrieben wird. Bartolomeu Diaz umsegelte 1488 das Kap,
aber die seekundigen Portugiesen frischten ihre Bestände
lieber im tropischen Mosambik auf. Das Kap galt als
tückisch, die Buschleute als gefährlich, und man hielt sich
nicht länger auf als nötig. Darum begann für die Nord-

europäer der Traum von einer neuen Heimat mit einem Unglück, einem Schiffbruch. 1647 strandete die *Nieeuw Haerlem* auf ihrem Rückweg von Java nach Holland in der Tafelbucht. Die 60 Mann Besatzung überlebten ein Jahr lang gut im Tauschhandel mit den viehhaltenden Khoi und legten schließlich Zeugnis von der Fruchtbarkeit der Böden ab. Also schickte die VOC (Vereenigde Oostindische Compagnie = Niederländische Ostindien-Kompanie) 1652 den wegen Korruptionsverdachts aus Java verbannten Jan van Riebeeck mit Familie und 90 Frauen und Männern ans Kap, um eine Versorgungsstation aufzubauen, die möglichst wenig kosten sollte. Die VOC war ein Zusammenschluss wohlhabender holländischer Kaufleute, die ihre Schiffe um Afrikas Südspitze schickten zu ihren Besitzungen in Indonesien. Die Versorgungsstation trieb zunächst Handel mit den Khoi, die ihre Rinderherden auf den fruchtbaren Böden um den Tafelberg weiden ließen. Im Geiste des fortgeschrittenen Kapitalismus entließ die VOC 1657 eine Handvoll Angestellter in die Freiheit, als Subunternehmer sozusagen. Die hatten aber bald genug von den Knebelverträgen und machten sich als offiziell freie Bürger unabhängig, übten Ungehorsam oder verschwanden aus der Ebene um Kapstadt ins Hinterland. Der neue Geschmack der Freiheit war der Keim für die Liebe zu diesem wilden Land und seiner Besiedlung.

Radikaler versuchten sich die ersten Sklaven aus Ostafrika, Indonesien, Malaysia und Madagaskar zu befreien. Sie flohen mit nichts als dem nackten Leben in die Wildnis. Weil aber ein Sklave Geld wert war und durch seine Flucht sich selbst stahl, wurde er gesucht und nach dem Einfangen oft für seinen Diebstahl mit Verstümmelung bestraft.

Interessant für den Reisenden ist zu wissen, dass die eher trockene Umgebung des Kaps und die Landstriche im Westen früher dicht mit einheimischen Wäldern bestanden waren wie heute noch die Umgebung von Knysna oder der Nationalpark Tsitsikamma. Die Gegenwart dagegen ist Zeuge des Kampfes gegen Eukalyptusbäume, Kiefern, Pappeln und all das andere eingeschleppte Gewächs, das die Siedler pflanzten. Und leider sieht man wegen dieses Kampfes oft schöne Eukalyptusalleen verschwinden, damit der hüfthohe, buschige Fynbos überlebt, der von der einzigartigen endemischen Fauna des Kaps zeugt. Die fremden Pflanzen, wird argumentiert, verbrauchen zu viel Grundwasser. Dabei sind es genau diese Wälder und Alleen, die viele Reisende als besonders afrikanisch empfinden. Die frühen Wälder aus Stinkwood- und Yellowwood-Bäumen wurden schon früh für Schiff- und Hausbau abgeholzt, wie etwa der Name des heute wohlhabenden Städtchens Hout Bay (Holzbucht) am Kap bezeugt. Das Kap ist beinahe kahl geschlagen, wie große Teile des einst grünen Spaniens oder Griechenlands.

Durch die Attacken der Xhosa vom Nordosten und die Anglisierung des Kaps im Westen in die Enge getrieben, machten sich die Buren im berühmten großen Treck auf den Weg in die Freiheit. 10 000 von ihnen brachen 1835 auf, mit nichts als einem planenbedeckten Ochsenwagen und einem Gewehr je Familie. Das erlegte Wild wurde filetiert und zum Trocknen an die Wagen gehängt, wodurch die traditionelle Droewors und das Biltong entstanden. Immer dabei auch ein Sack Kaffee aus Java, Pfeife und Tabak sowie die Bibel. Und das symbolisiert bis heute das Lebensgefühl der Afrikaaner.

Der Abenteuergeist des großen Trecks wirkt heute noch ansteckend auf Touristen, die die wilde Seite Südafrikas suchen und, statt Antilopen zu erlegen, Stromschnellen hinuntertreiben oder sich zu Fuß reizbaren Nashörnern nähern. Nicht dass die anderen Stämme weniger mutig gewesen wären. Aber was die Buren auszeichnet, ist der Mythos der Verstoßenen und doch Auserwählten, den sie sich schufen, ähnlich dem der protestantischen Pioniere in der amerikanischen Wildnis. Die Landschaft des Westkaps ist heute noch übersät mit den Namen, die ihnen die frühen Abenteurer gaben.

Die Schriftstellerin Marlene van Niekerk beschreibt in »Agaat« (Achat) den heimatlichen Klang der Flüsse: Botrivier, Riviersonderend, Kleinkruisrivier, Maandagsoutrivier, Slangrivier, Buffeljagsrivier, Karringmelksrivier, Korenlandrivier. Anschwellender Fluss, Fluss ohne Ende, Kleine Flüsse überquerend, Salz-am-Montag-Fluss, Schlangenfluss, Büffeljagdfluss, Buttermilch- und Kornlandfluss.

Die alte Heimat Europa war fast vergessen, die Inquisition, die Religionskriege und die Aufklärung. Im Hinterland des Kaps gab keiner eine politische Richtung vor, und in der Entfernung von der ehemaligen Heimat entstand eine eigenartige Kultur störrischer, furchtloser Bauern, die kulturell nur noch einer Quelle trauten, der Bibel, und hier vor allem dem Alten Testament. Hätten sie sich an die Nächstenliebe des Neuen Testaments gehalten, der in der Apartheid keimende Rassismus hätte nie Fuß gefasst.

Es ist nicht ohne Ironie, dass Vorbilder wie Mandela und später Desmond Tutu diese Nächstenliebe anwandten und damit die Burennation bezwangen.

Die ersten afrikanischen Intellektuellen, die westliche Bildung mit afrikanischer Tradition und Selbstbewusstsein zusammenbrachten, wuchsen unter dem Einfluss und der Förderung westlicher Missionare heran, die den Menschen in den Dörfern Lesen und Schreiben beibrachten, damit sie die Bibel verstehen konnten.

Unterstützt wurden sie anfangs noch von den Kolonialherren, die eine schwarze Mittelschicht heranziehen wollten, als Puffer zwischen den weißen Einwanderern und der einheimischen Bevölkerung. Viele der in dieser Zeit geförderten Intellektuellen nahmen eine Führungsrolle in vielen Bereichen der sich entwickelnden neuen Gesellschaft ein. Sie weigerten sich allerdings, nur ein Produkt ihrer missionarischen Wohltäter zu sein. Vielmehr verbanden sie das Beste aus zwei Welten zu einer neuen afrikanischen Identität, die das neue Südafrika formen sollte.

Ntsikana (1780–1821) war einer von ihnen. Er verband das Christentum mit dem traditionellen einheimischen Wertesystem, schrieb Hymnen auf isiXhosa und leistete die Vorarbeiten für eine Übersetzung der Bibel in isiXhosa. Als junger Mann hatte er ein starkes Konvertierungserlebnis bei einem ritualen Stammestanz. Als er zu tanzen begann, kam ein Sturm auf, der sich sofort legte, wenn Ntsikana stillstand. Begann er wieder zu tanzen, stürmte es wieder. Das wiederholte sich zum Erstaunen aller einige Male, und während sich seine Stammesbrüder darüber Gedanken machten, wer ihn verzaubert haben könnte, wusste Ntsikana, dass Gott ihn vom Tanzen abhielt. Nach diesem Vorfall stieg er in den Fluss und wusch sich den ockerfarbenen Lehm vom Körper, das Symbol für sein traditionelles Glaubenssystem, das durch die christliche Taufe abgewaschen wurde.

Christlicher Glaube und traditionelles Glaubenssystem: ein Konflikt, der bis heute in der modernen Stammesgesellschaft gegenwärtig ist.

Ntsikana war mit seiner Adaption der afrikanischen Kultur an das Christentum ein Vorbereiter der »Schwarzen Theologie«, die bis heute ihren Glauben mit einer weit kämpferischen Haltung vertritt. Wie der wunderbare ewige Querulant Tutu.

Ein anderer Vorbereiter des schwarzen Selbstbewusstseins war Tiyo Soga (1829–1871), der erste international ausgebildete afrikanische Pastor, ein Pionier der afrikanischen Literatur und einer der berühmtesten Afrikaner seiner Zeit. Schon früh erkannte der schottische Reverend William Chalmers Sogas Potenzial und nahm ihn unter seine Fittiche. Als der Reverend sich während eines Aufstands gezwungen sah, nach Schottland zu fliehen, nahm er Soga mit. Im Juli 1846 setzte Soga seinen Fuß auf Schottlands Boden und wurde kurz darauf der erste afrikanische Student an der Glasgower Universität.

Nicht zu vergessen Sol Plaatje (1877–1932), der um die Wende zum 20. Jahrhundert Shakespeare in Tswana übersetzte und als erster Afrikaner einen englischsprachigen Roman schrieb. Er war auch der Gründer des Ur-ANC, der heute sozialistisch geprägt ist, während die *Black Consciousness* (»das schwarze Selbstbewusstsein«), die dem Widerstand gegen die Buren die Kraft gab, christlich geprägt blieb. Wie auch Mandelas Politik der Versöhnung nach seiner Freilassung.

Der wahre Geburtsschmerz der Nation war nicht der Sieg moderner Waffen über Speer und Stammeskultur, sondern das zähe Ringen der Buren und Engländer um Macht und: Gold.

1886 wurde das größte Goldvorkommen der Welt im Boden des darauf entstehenden Johannesburg entdeckt. Das Zeitalter der Kolonisierung ging zu Ende. Es begann die große Gier nach Rohstoffen und Geld, das damals ans Gold gekoppelt war, wofür der berühmte Krüger-Rand stand. Vom Großvater den Enkeln am Sonntagnachmittag vorgeführt, war der Krüger-Rand ein haptischer Teil einer exotischen Welt, in der der Rohstoff der Macht aus der Erde gebuddelt wurde von Abenteurern weit, weit weg in Afrika.

Im neuen Zeitalter galt eine ganz andere Ehre, oder eher ein Mangel daran. Auch die Schlachten Südafrikas waren bis dahin, von Shakas *Mfecane* abgesehen, Frontkämpfe zwischen Soldaten. Im Zweiten Burenkrieg aber kamen die Engländer auf die Idee, die Farmen des Gegners abzubrennen und deren Guerillageist dadurch zu brechen, dass sie ihre Frauen und Kinder einsperrten und verhungern ließen. In den Konzentrationslagern der Engländer starben bis 1902 25 000 Frauen und Kinder. Danach stand der Ausbeutung der Bodenschätze nichts mehr im Weg.

Cecil Rhodes, dessen Größenwahn im Nachhinein oft als Größe und Vision dargestellt wird, träumte von einem lukrativen Empire von Kapstadt bis Kairo. England beherrschte damals fast das ganze südliche Afrika.

Ausgerechnet in der Südafrikanischen Union unter den liberalen Engländern durften durch den *Mines and Works Act* 1911 Nichtweiße nur noch ungelernte Arbeit verrichten. 1913 wurde den Schwarzen sogar der Besitz von Grund außerhalb neu geschaffener Reservate verboten, weil sich die weißen Armen benachteiligt sahen. Und das, obwohl fast 100 000 Nichtweiße freiwillig für das »Vaterland« Großbritannien in den Ersten Weltkrieg zogen. Von tanzenden Zulu-Regimentern auf sinkenden Schiffen im Ärmelkanal wurde berichtet.

Die schwarzafrikanischen Kriegsheimkehrer erfahren nach beiden Weltkriegen nur noch größere Entmündigung. Nach dem Sieg an der Seite der Alliierten finden sich die Soldaten im eigenen Land in einem hitlerfreundlichen Klima wieder, als 1948 die Nationale Partei des radikalen Afrikaaners Daniel François Malan die absolute Mehrheit gewinnt. Mit dieser Wahl, es wählten so oder so nur Weiße, begann der Abstieg Südafrikas ins internationale Abseits. Der Anschluss an die Welt war verpasst.

Das absurde Phänomen der Apartheid ist nicht, wie wir heute oft denken, einfach nur dumpfer Rassismus und Unverständnis. Die Idee dazu war schon seit den Zeiten da, als kulturell verschiedene Völker miteinander verkehrten und nebeneinander, also apart, getrennt, lebten. Die Frage war nie, ob Siedler und Indianer in Nordamerika zusammenleben sollen. Sie wollten das gar nicht. Ebenso wenig, wie die Römer mit den wilden Germanen leben wollten.

Bis zum 20. Jahrhundert stellte sich auch die Frage in Südafrika kaum. Erst mit städtischer und moderner Kultur im Zeitalter der Industrialisierung lebten verschiedene Rassen zusammen. Aus Buren wurden Afrikaaner mit Parlament und Regierung, aus Zulu und Xhosa Landbesitzer und selbstbewusste Städter. Vor allem arbeitete man zusammen und zog zusammen in den Krieg, statt gegeneinander.

Das wäre auch alles kein Problem, wäre da nicht das kulturelle Vorurteil, das nur bestehen kann, weil die Unterschiede verwischen. Das prominenteste Opfer dieser Entwicklung war damals ein junger Anwalt, der, aus

England kommend, im Erste-Klasse-Abteil der Eisenbahn von Durban nach Johannesburg saß. Einige Passagiere empörten sich, und der Schaffner warf den Mann schließlich kurz nach Beginn der Reise aus dem Zug. Da stand er auf dem Bahnsteig in Pietermaritzburg, der junge Ghandi, mit seinem rechtmäßig erworbenen Fahrschein der ersten Klasse in der Hand. Völlig fassungslos, dass man es wagt, ihn, einen Bürger des britischen Empire, in einer Kronkolonie aus dem Zug zu werfen, weil er angeblich ein Kaffer ist. Absurderweise stammt das Wort *Kafir* aus der Kolonie Batavia, in der die Muslime damit die holländischen Herren als Ungläubige beschimpften. In der Kapkolonie gaben die neuen Herren das Kompliment gleich weiter an ihre Geringgeschätzten.

Die Geschichtsschreibung beweist, dass aus etwas Schlechtem immer etwas Gutes entstehen kann. Es ist eine göttliche Fügung, dass ausgerechnet dieser brillante junge Mann diese rassistische Demütigung erfuhr. Er wird zu einem der berühmtesten Menschenrechtler der Geschichte – und beginnt den Widerstand in Südafrika.

In einer Zeit, in der Stände und sozialer Rang, Adel und Gemeintum überholt waren und nur noch Wohlstand die Menschen in Herren und Arbeiter trennte, wurde auf einmal die Hautfarbe bedeutend. Irgendeinen Unterschied musste es doch geben. Unter dem Vorwand der Kultur, der heute noch zitiert wird, wurde allein die Schattierung der Haut von Bedeutung. Nicht nur unter den »Weißen«, sondern vor allem bei den Nichtweißen. Noch heute trifft man überall auf der Welt auf die absurde Vorstellung, heller sei besser. Die Abgründe, in denen aus dem bodenständigen Protestantismus der überhebliche Stolz der »Auserwählten« gegenüber den »Eingeborenen« entstehen konnte, sind tief. Auch Darwin mit seiner Rassenklassifizierung ist nicht ganz unschuldig. Die wahren Gründe sind aber Herablassung und Minderwertigkeitsgefühl. Weder die ersten amerikanischen noch australischen Siedler und auch nicht die ersten weißen Südafrikaner waren von edler Abstammung gewesen. Sie waren Gefangene, Angestellte, Arbeiter, Schuldner, Waisen, Tagelöhner. Sie waren die, die über Europas Tellerrand gefallen waren.

Nicht selten bildet sich heute ein burischer Bauernenkel ein, er stamme von einer verfolgten adeligen Familie Frankreichs ab. Es gibt sogar Afrikaaner, die sich Schlösser im Herzland Frankreichs kaufen, die ihre Vorfahren nie hatten.

Zudem fühlten sich die Europäer den Nichteuropäern oft nicht gewachsen. Und da man schon keine billigen Sklaven halten konnte, erschuf man einfach das kapitalistische Äquivalent, das Subproletariat. Die Entrechteten. Die, die für einen die Drecksarbeit machten. Denn trotz aller gefälligen Apartheidsidee von Weiß hier und Schwarz da drüben brauchte der pseudodemokratisch sanktionierte Herrenmensch Diener für die Industrie und den Haushalt. Und damit begann die zutiefst verstörende und traurige Geschichte der elenden Townships und der familiären Entwurzelung der Entrechteten.

Die *Vier Hoeke*:
Insassen und Außenseiter

Südafrika hat viele Gesichter, und einige davon sind hinter Gittern. Der Tag, an dem wir am Kapstädter Vorstadtbahnhof an einem Kiosk warteten, war so einer, an dem wir Südafrika mit anderen Augen sehen lernten. Wir schrieben eine Geschichte über den Bistrowagen der Bahn, die sich vom Kapstädter Hafen vorbei am Tafelberg und durch ehemaliges Weinanbaugebiet (Wynberg), das heute Stadt ist, nach Muizenberg und von dort die Küste entlang zum einstigen britischen Marinehafen Simon's Town schlängelte. Von diesem Bistrowagen aus, der nach dem englischen Posträuber Biggs auf *Biggsy's* getauft wurde, konnte man bei Fischfilet und kühlem Bier den Walen in der False Bay beim Blasen und Schnaufen zusehen. An unserer Seite ein junger Fotograf aus Kapstadt, der gerade Weltruhm erlangte mit Panoramabildern aus Südafrikas Gefängnissen.

Mikhael Subotzky hatte sich Nelson Mandelas Einsicht zu Herzen genommen, dass man ein Land nur wirklich versteht, wenn man in die Gefängnisse gesehen und erfahren hat, wie die Nation nicht seine höchsten Bürger, sondern die von geringstem Ansehen behandelt.

Subotzky hat sie über Jahre fotografiert, und wie zum Beweis dafür nickten uns im Bahnhof einige junge Männer zu. Bekanntschaften aus den Vier Hoeke, vier Ecken, wie die Gefängnisse im Hausjargon genannt werden. Der damals 26-jährige Südafrikaner hatte mit der Kamera die verborgene Parallelwelt des Strafvollzugs erforscht. Dabei ist seine Leidenschaft gar nicht mal auf das Dunkle gerichtet, wenn auch auf die Schatten des Daseins in einem Land mit einer der höchsten Gefangenenraten der Welt.

Afrika ist voller Klischees, und man muss ihnen ständig ausweichen. Vor allem in Südafrika, wenn es um den überforderten Staat geht, zu viele Verbrecher und berüchtigte Gefängnisgangs, die sich nach altem Armeevorbild Nummern geben. Die Entdeckung in diesem Politikum ist immer wieder der Mensch, die Person, die auch bei Subotzky im Mittelpunkt steht.

In der Vorortbahn rund um das Tafelbergmassiv redeten wir mit genau solchen Unikaten. Wir trafen ein angesäuseltes Kurzarbeiterpaar, das von der Flüchtigkeit der Liebe schwadronierte, er Weltumsegler, sie Urenkelin des englischen Dichters Alfred Tennyson, wie ihr Pass beweisen sollte. Wir begegneten einer farbigen Auswandererfamilie aus London, die den Kindern die alte Heimat zeigte – und die weißen Verlierer an der Bar. Die fröhlichste von allen aber war Berenice, Kellnerin malegassisch-kapstädtischer Herkunft, die um vier Uhr vor den Kindern aufstand, um zu duschen und den einstündigen Weg zur Arbeit zu schaffen, und die erst um acht Uhr abends nach Hause kam.

Menschen und Schicksale, auf Subotzkys Panoramabildern entgeht einem kaum eines, wie auf den Fotografien seines weit älteren Kollegen Obie Oberholzer, der Afrikaner aller Herkunft in neues, manchmal surrealistisches Licht taucht. Da ist immer ein Schalk mit im Bild, der verrückte, schlitzohrige Humor, auf den man unterwegs trifft. Oder schlicht Obies Optimismus, der so schön dem westlichen Pessimismus widerspricht. Nichts braucht Afrika mehr als Bilder, die für neue Ideen stehen, das Neue im oft Gewohnten.

Schon der Deutsche Jürgen Schadeberg konnte das gut mit seinen schwarzweißen Eindrücken vom Jazz und der Emanzipation der schwarzen Städter in den 1950ern, den Intellektuellen, Musikern und aufgeklärten Weißen. Als ein neues gemeinsames Südafrika entstand, das kurz darauf erstickt wurde.

Man sucht sich die Künstler, die einem das passende Bild der Welt verschaffen, und Südafrika ist reich an Talent. Viel Auswahl in einem Land mit nur halb so viel Menschen wie in Deutschland, aber weit radikaleren Einflüssen.

Manche bevorzugen J. M. Coetzee für ihr Bild von Südafrika, und ein junger Mann wie Subotzky ist ihm nicht unähnlich mit seinem lakonischen, etwas distanzierten Blick. Durch Coetzees Geschichten, vor allem denen aus seiner Jugend, kann man tief in die Seele des Landes blicken, und wie bei kaum einem anderen ist man zutiefst deprimiert. Coetzee ist, wenn man so will, Hauptvertreter einer weißen Melancholie, die dem in Deutschland studiert habenden Oberholzer wiederum ganz fremd ist. Der überzeichnet, um das Besondere und Ungewöhnliche, das Unerwartete hervorzuheben. Weswegen er auch den 2010er-Kalender des werbe- und markenkritischen T-Shirt-Produzenten Laugh It Off fotografiert hat, der mit Aufdrucken wie »Black Labour White

Guilt« (»Schwarze Arbeit, weiße Schuld«, im Schriftzug des Black-Label-Biers) die Werbekampagnen namhafter Marken satirisch aufs Korn nimmt.

Was man bei aller Betroffenheit und staatlichem Ernst angesichts der Probleme des Landes nicht vergessen darf, ist, dass die meisten Südafrikaner über sich lachen können. Das Leben ist zu kurz, um ständig zu weinen. Vor allem Xhosa, Zulu, andere Afrikaner und Coloureds sieht man oft heiter in Situationen, in denen wir Europäer verzweifeln würden.

Nur ein Beispiel für den kreativen Trotz gegen die Umstände sind die Pavarottis von Hermanus, die vor ein paar Jahren zu lokalem Ruhm gelangten. Da viele Kinder mangels Möglichkeiten in den Townships lieber in die Stadt gehen, offen sind für alles Neue und gern singen, ergab es sich, dass eine Gruppe von Jungs aus Hermanus begann, zu Hause mit einer Pavarotti-Kassette Opernlieder einzuüben. Ein britischer Tourist, der sie hörte, war so begeistert, dass er ihnen ein ganzes Opern-CD-Set schenkte. Nicht lange danach standen Xhosa-Jungs am alten Hafen von Hermanus und vor den Restaurants und schmetterten den Waltouristen »O sole mio« und andere Arien entgegen, oft so gut, dass es sich wirklich anhörte wie von CD.

Das ist der spielerische Pioniergeist der Südafrikaner. Die Jungs verstanden natürlich weder ein Wort Italienisch, noch wussten sie etwas über Opern. Aber der Wortsalat aus Xhosa-Wörtern, den sie aus dem Italienischen heraushörten, war urkomisch, wenn man Xhosa verstand. In den Jahren darauf war man ihrer zu Recht leid, weil die Kinderpavarottis jeden Wal und jedes Gespräch übertönten, aber ein paar Jungs der ersten Generation schafften es bis an die Opernschule in Kapstadt und wurden Sänger.

Südafrika wimmelt vor Menschen, die wir für Randfiguren halten würden. »Normal« ist einfach noch kein sinnvoller Begriff im jungen Südafrika.

Das war auch so mit Ebrahim Abduraham, den wir mit Subotzky für eine andere Mare-Geschichte besuchten. Ebrahim ist ein muslimischer Familienvater aus Grassy Park bei Muizenberg, der wie wenige andere den Fisch in der False Bay riechen kann. Ebrahim ist Teil eines absurden wie gefährlichen Unternehmens, bei dem ein schweres Holzboot für acht Seeleute mit einem kleinen Laster von einem großen Buren mit Schnauzer und Spitznamen Nartjie (Mandarine) zum flachen Sandstrand gezogen und ins Wasser gelassen wird, wenn Ebrahim die Meeräschen riecht. Das Boot wird hektisch in die Brandung gerudert mit einem Netz im Schlepptau, das eine Stunde später wie ein Gabensack an Land gezogen werden muss.

Als wir mit Ebrahim ausgiebig darüber plauderten, warum er immer Schnürstiefel ohne Schnürsenkel trägt und warum Gott ihn vor zehn Jahren einen unfassbaren Fang von Steinbarschen riechen ließ, bei dem fast die Netze barsten, landete gerade mal ein Kabeljau neben einer Handvoll Äschen vor uns am Strand. Der ganze Aufwand war umsonst, und alle gingen leer aus, denn der Lohn ist nur ein Anteil am gefangenen Fisch.

Ebrahim lachte nur, Nartjie fluchte, und im leichten Nieselregen wurden eine Menge Witze von den Arbeitern gerissen, die jeder ein paar Fische in den Stiefeln mitgehen ließen. Wozu Trübsinn, jeder Tag ist anders, ein Abenteuer, und der nächste Fang ganz sicher, ohne Zweifel unfassbar groß. So ist das oft in Südafrika. Hoffnung ist nicht nur ein Gefühl, sondern eine Haltung.

Kaapse Klopse:
Kapstadt und seine Coloureds

Ein Porträt des Simon van der Stel zeigt den ehemaligen Gouverneur des Kaps als einen Menschen mit eindeutig indonesischem Einschlag. Der Mann, der 1679 über knapp 300 europäische Siedler regierte und die spätere Universitätsstadt Stellenbosch gründete, war genau genommen keiner von ihnen. Aber wer war das schon? An der einsamen Südspitze des afrikanischen Kontinents lebten um den Tafelberg eine Menge Männer und nur wenige Frauen, was dazu führte, dass viele berühmte, angeblich europäische Südafrikaner nicht nur von Deutschen und Holländern abstammen, sondern auch von schönen Sklavinnen und attraktiven Buschfrauen.

Premierminister wie Paul Kruger, Jan Smuts und Frederik Willem de Klerk haben alle eine Khoi namens Krotoa als Urahnin, die unter van Riebeeck als Übersetzerin gearbeitet und dessen Kollegen, den dänischen Forscher Pieter Meerhof, geheiratet hatte. Die Anfänge waren also durchaus bunt, und die Regenbogennation ist nicht erst eine seit ihrer Verkündung. Die Liebe, wenn auch nur für eine Nacht manchmal, schuf einen reichen Genpool in Südafrika, dessen Erben die Coloureds sind. Das Epizentrum dieser afrikanischen Erneuerung war Kapstadt, weshalb sie Mutterstadt heißt, mit dem Holländisch der Siedler als Muttersprache. Und so wie sich das Holländisch zu Afrikaans mit all seinen Dialekten und Slangs entwickelte, wurde aus der Handelsstation am Ende der Welt eine Weltstadt.

Den Unterschied zu allen anderen, afrikanisch raueren Städten wie Johannesburg, East London oder Durban spürt jeder Reisende sofort. Kapstadt strahlt den Frieden einer besonderen Liebschaft aus. Hier begann auf neutralem Grund eine Utopie. Aus dem Salat- und Weinlieferposten der VOC wurde eine Stadt der Träume. Ein europäisch-asiatisches Afrika entstand, das wir völlig zu Recht bevorzugen wegen seiner Schönheit und Entspanntheit.

Das Kap ist magisch, was erst mal nicht viel heißt, weil in Südafrika vieles magisch ist, wo Größe der Schöpfung noch sichtbar ist. Der 40 Kilometer lange Drachenrücken des Kapmassivs ist ständige Bewunderung wert. Eng schmiegen sich an die schroffen Berghänge kleine Ortschaften wie Kalk Bay oder Muizenberg, die mit reichlich Morgensonne gesegnet sind, aber auch einem sehr frühen Abend. Auf westgewandter Seite liegen Scarborrough oder Kommetjie mit viel hedonistischer Abendsonne und einem Meerblick bis zur (unsichtbaren) Antarktis.

In dem kleinen ehemaligen Kurort Muizenberg liegen jeden Tag fast 100 Surfer in den unermüdlich gleichmäßigen Wellen der flachen Bucht. Rechts die weite False Bay und ihre leere Dünenlandschaft, linkerhand die Haltestelle der Vorortbahn. Der Zug schlängelt sich mit einer Dieselwolke zwischen Felsen und Straße entlang, und ganz oben am Berg sitzen die Haibeobachter, die abwarten, ob die üblichen Verdächtigen am Felsen vor Muizenberg umdrehen oder nicht. Wenn nicht, geht die Sirene los, und alle treiben an Land, lachen, winken, der schwarze Prediger auf dem Grünstreifen bekommt plötzlich Gesellschaft, und Familien halten Ausschau nach den Haien hinter den weißen Wellenkämmen und vielleicht Walen.

In Kalk Bay gingen wir oft im Hafen in unser Lieblingsrestaurant, in dem die Wellen an manchen Tagen gegen die Scheiben schlugen und nebenan die Fischersfrauen den Fang des Tages auf groben Steintischen reinigten. Die marokkanischen Mosaiktische des Restaurants waren auf ewig klebrig von der salzigen Gischt, die auf den Autos einen öligen Film hinterlässt, und im Hafenbecken tummelten sich Robben, die auf wunderbare Weise unserem Hund aus dem Tierheim ähnelten. Er stammt wie der Ridgeback von den afrikanischen Urhunden ab, die den Buschmännern bei der Löwenjagd halfen.

Das Restaurant ist nicht mehr, aber das Leben in Kalk Bay und den anderen romantischen und rauen Flecken rund ums Kapmassiv geht weiter mit Menschen, die bei einer Zigarette und laufendem Motor besinnlich im Auto aufs Meer sehen, Japanern, die in großen Gruppen die stinkenden Pinguinkolonien besuchen, und hellwachen britischen Omas, die runzelig und unerschrocken in den Kramläden an der Hauptstraße unvollständige Teeservices taxieren.

Am Kap sind die Anfänge noch zu spüren, das Klammern des Menschen an den Fels. An manchen Stellen fühlt man sich gestrandet neben Schiffswracks, verloren im Nebel oder weit oben gesegnet mit einem göttlichen Blick über die Welt.

Größenverhältnisse sind wichtig in Kapstadt. Während

die Johannesburger zwischen Abraumhalden leben und die Bewohner Durbans am milden Indischen Ozean, sind die Kapstädter der wilden See, dem unermüdlichen Wind und der Wucht des Tafelbergs ausgesetzt.

Als wir einmal den Meeresberg, wie ihn die Buschleute nannten, bestiegen, kletterten wir aus einem heißen Sommertag über vier Stunden steil hoch in die Wolkenfabrik, die einen mit kalten Winden auf dem Sandsteinplateau erwartet. Plötzlich steht man an der Kante, an der sich die Wolkenbänke des Inlands bilden, und sieht auf die Welt und auf das, wovon schon viele Seefahrer und Reisende berichteten. Vom Thron des südlichen Afrika blickt man mit den Scharen begeisterter Südafrikaner, die egal welchen Alters wie die Ziegen den Meeresberg besteigen, auf die Bohrinseln und die Kabelboote im Duncan Dock, das neue Greenpoint-Stadion, einen endlosen Atlantik, das Atomkraftwerk Koeberg Richtung Westküste, die mahnende Brachlandschaft rund um den ehemaligen District Six und direkt unter einem die Lockenwicklertürme, auch Tampon Towers genannt, in denen sich gern designbewusste Deutsche einmieten. Links das bunte Bo-Kaap-Viertel an der Flanke des Lion's Tail, wie ein markanter Teil des Tafelbergmassivs heißt, Containerschiffe und im Dunst als grauer Fleck Robben Island, von dem es nur ganz am Anfang, lange, lange her, ein Gefangener geschafft hat, an Land zu schwimmen.

Robben Island ist immer in Sichtweite der Surfer von Milnerton und Bloubergstrand, von denen einige ernsthaft über Jahre die Befreiung Mandelas auf einem Brett planten, aber letztendlich an den Tücken des Surfs und irgendwann auch am süßen Leben der Stadt scheiterten.

Die Stadt ist in Bewegung, morpht in neue Zustände und neues Äußeres, wie unsere Heimatstadt Berlin sich völlig wandelte und doch stets Berlin blieb in ihrem Charakter. Eben noch war vom Lion's Tail das wetter- und windgebleichte Viertel Green Point zu sehen mit Ferienwohnungen im Costa-del-Sol-Stil und einem gelbgrasigen Golfplatz inmitten der Stadt, und plötzlich wuchs da etwas aus dem Boden, das in der nächtlichen Halogenbeleuchtung aussah wie eine Raumschifframpe.

Und manchmal, da das neue Fußballstadion auf dem dem Meer abgetrotzten Boden entstand, lag es auch da wie das Gerippe eines Leviathans, eines Meerungeheuers, das der Neuzeit erlegen und hier an Land gespült worden war. In all seinem neuen Glanz und von Weitem sichtbar für allen Schiffsverkehr und nach der WM auf ewig zu groß für die lokalen Fußballklubs, heißt es wie alles Neuafrikanische, das größer im Namen sein muss als in der Substanz: *African Renaissance Stadium.*

In Kapstadt wird Afrika neu definiert. Burenjungs singen melancholische Lieder in Rockbands wie Fuckofpolisiecar; farbige Rapper, deren Vorfahren Buschmänner waren, Buren und Xhosa, rappen von ihrer Identitätsfindung an der Waterkant; weiße Vorstädter entdecken den Shack-Schick der Townships als kreativen Pool für Design und Mode, und afrikanische Kinder singen auf den Straßen Lieder von Madonna oder Avril Lavigne mit den Schnalzlauten des Xhosa nach. Oder eben Pavarotti.

Bei solch einer Dichte verschiedener Leben ist jeder Besucher erstaunt, wie klein Kapstadt letztendlich ist, das eigentliche Kapstadt. Ohne die hässlichen Vororte, die sich mit architektonischer Tristesse seit Mitte des letzten Jahrhunderts ausgebreitet haben. Die Stadt um Löwen- und Tafelberg, an den Hängen und umarmt davon, ist nicht größer als viele europäische Altstädte. In einer halben Stunde hat man gemächlich die belebten Straßen der

City Bowl durchquert, ein Dorf ist Kapstadt genaugenommen.

Das Städtchen am Kap, so wie es über drei Jahrhunderte gewachsen ist, siechte bis kurz vor der Jahrhundertwende dahin. Die Innenstadt lag brach, das einst koloniale Herz eines jungen Landes stand fast still. Die Kulturrevolution der Buren in den 1960ern hatte auch in Kapstadt wie eine Bombe eingeschlagen. Die gesäuberten Innenstädte verödeten und wurden später besetzt von Dealern und Gangstern wie Hillbrow in Johannesburg. Und so wie in Deutschland keiner mehr an den Mauerfall geglaubt und alle Hoffnung fahrengelassen hatte, sah man auch kein Ende der Apartheid in Südafrika. Und plötzlich war es doch so weit. Wie das Junkie-Berlin der 1980er erhob sich die Mutterstadt aus der Asche. Backpackers, Ramschläden und Straßenkinder, die vor den Bars und Cafés die Deutschen anbettelten, die sich angeregt über Jazz und Wanderwege unterhielten, dominierten bis vor Kurzem das Stadtbild. Dann bevölkerten Künstler die viktorianische Long- und Kloofstreet, die vom Meer über den Berg nach Camps Bay führt. Werbefilmer kamen, Computernerds, Modedesigner, Musiker, Maler, junge Leute, die die Mutter aller Städte dem noch rückständigen Land vorzogen. Männer wie Frauen aller Kulturen und Religionen, kapmalaiisch, afrikaans, englisch, Xhosa, Sotho, Zulu, die sich emanzipierten vom irrgeleiteten 20. Jahrhundert. Kleine Clubs dröhnen nun in den ehemaligen Stoff- oder Gemischtwarenläden, Cafés öffneten an allen Ecken, die Kellner tragen Irokesenschnitt oder ein afrikanisches Baumwollgewand, und die an den retro-chicen Tischen pausierenden Flaneure betrachten über vegetarischen Gerichten das Treiben der Wiederauferstehung.

Am räudigen Busbahnhof rufen die Fahrer zwischen Müll und Essensständen die Bezirke aus zwischen Mädchen in englischen Schuluniformen, stoffumwickelten Frauen mit Einkäufen auf dem Kopf und tätowierten Tagelöhnern, die jedem ihre goldenen Zähne zeigen. Zwei Straßen weiter steht ein Mädchen im Gewürzladen zwischen Currys und Vanilleschoten, ihr Gesicht porzellanfarben und rund, als wäre sie einem Vermeer-Gemälde entstiegen.

Große Kongolesen stehen in ihren eng taillierten Lederjacken vor den Musikläden und Backpacker-Hotels und rauchen, verschleierte Mädchen kommen von den steilen Pflastersteinstraßen des kapmalaiischen Viertels, und die alten und jungen Frauen vom Blumenmarkt sitzen Tag für Tag, in Decken gewickelt, in ihrem Blütenmeer.

Die Fülle und Verschiedenheit der Blumen ist ein Bild für Kaapstad, wie die Stadt bei der Mehrheit des Westkaps heißt, den Coloureds, denen genau genommen kaum einer nicht angehört. Die Coloureds des Kaps sind, wie eine aufwendige amerikanische Studie belegt, die genetisch reichste Ethnie der Welt, wenn man sie überhaupt als solche bezeichnen kann. Auf der Suche nach genetisch ererbten Krankheiten stießen die Mediziner auf den südafrikanischen Schatz, die Coloureds, deren Ahnen von wirklich fast überall kommen.

Die Wiege der Menschheit wurde schon vielen Landschaften zugeschrieben, je nachdem, wie man die Evolution interpretiert. Südafrika kommt häufig dabei vor, einige sehen die Anfänge sogar in der Halbwüste an der namibisch-südafrikanischen Grenze, also in der Heimat der Buschleute, die zwar fast ausgestorben, aber in den Coloureds verewigt sind.

Die Genealogie der meisten Coloureds ist wunderbar abenteuerlich. Chinesische Seeleute gehören zum Stammbaum, politisch verbannte Indonesier, Malegassen, Angolaner, Russen, Xhosa, Holländer, Iren, Griechen, Schweden, Inder, Malaien und und und. Manche rechnen sich noch zu den Griqua der Nordwestprovinz, andere zu den Kapmalaien mit muslimischer Tradition, aber die meisten sind schlicht und einfach: Coloureds. Sie gehören nirgendwohin und stellen doch die Mehrheit des schönsten Kaps, wie der englische Sklavenhändler, Weltumsegler und Abenteurer Francis Drake es einmal nannte.

Weil sie Wurzeln überall haben, waren es auch die Coloureds, die begeistert die Ministrel-Kultur der amerikanischen Südstaaten aufgriffen und daraus den jährlichen *Coon Carneval* machten, den *Kaapse Klopse Karnaval*. Das Verkleiden, Feiern, Mokieren, das emotionale Ventil der schwarzen Sklaven Amerikas, nahmen nicht die Schwarzen Afrikas auf, sondern die Farbigen, die nach den friedlichen Anfängen immer dazwischen waren, im Sandwich. Mal zwischen den Weißen oben und den Schwarzen unten und heute umgekehrt.

Die ausgelassene Fröhlichkeit der Kaapse Klopse (Kap-Klubs) ist der Stadt nicht immer recht. Zu anarchisch für Immobilienentwickler und Saubermänner der WM 2010, legen Hunderte von Vereinen am 2. Januar jedes Jahr die Stadt lahm mit echtem Karneval, marschierenden Musikbands, militärartigen Kapellen und Volksfrohheit. Aber die Kaapse Klopse beschränkten sich in Wirklichkeit nie auf einen Tag. Wir sahen schon um Weihnachten Bands auf und ab marschieren, und im alten District Six war es früher üblich, dass den ganzen Januar Chöre mit Banjos und Saxofonen sangen, belohnt mit Tee und Kuchen, und immer mit tanzenden Kindern im Schlepptau, die Erwachsenen in Matrosenanzügen, Männer in Brautkleidern, unter Perücken und allem, was so zu Hause zu finden war. Wenn nämlich jemand feiern kann, dann die Coloureds, die auch das pragmatische Afrikaans der Buren in einen lebendigen Slang verwandelten, der jeden, der ihn versteht, zum Lachen bringt.

Nicht nur der Sprachwitz ist eingebaut, auch die Opposition. Stolz behauptete sich das Westkap gegen die Mehrheit des ANC und wählte 2009 zum zweiten Mal die Democratic Alliance, die sich mit der deutschstämmigen Helen Zille gegen die neue Bevorzugung, die der reichen Schwarzen, stemmt.

Und noch etwas ist bemerkenswert an den Kapbewohnern. Heute, fast 500 Jahre nachdem Bartolomeu Diaz das Kap umsegelt hatte, ergreift die Mutterstadt – und mit ihr das Umland – die damals verpasste Chance: Der bekannte Kolumnist und Schriftsteller Nicolas Sparks meinte nämlich einmal, dass unter den liberalen Portugiesen der Rassenkonflikt besser gelöst worden wäre als durch die Sperrigkeit burischer Apartheid und das Kap eine »brasilianische« Republik aller Rassen hätte werden können. Jetzt wird sie es, so Gott will, und das aus schierer Freude der Coloureds am Leben.

Transskei, Ciskei und Bophuthatswana: Die Homelands und Sun City

Land und Besitz sind etwas Seltsames. Für die nomadisierenden San war das Land – im Sinne von Grund und Boden – Lebensraum, für die Khoi Weideland und Lebensgrundlage, für die Bantu Territorium. Vor allem die Zulu annektierten wie die Europäer weit mehr Land, als sie brauchten. Und Seefahrer und Kolonialherren beanspruchten durch Steinkreuze, Flaggen und Erlasse ganze Landschaften, bevor sie überhaupt erkundet waren.

Südafrika beschäftigt sich immer noch mit der Frage, wem gehört eigentlich was. Und überhaupt, wer war zuerst hier? Die Antwort ist immer eine politische. Das Land gehört der schwarzen Mehrheit, und die fordert Gleichberechtigung und Gerechtigkeit. Damals, nach der Apartheid, einigten sich die Kommunistische Partei, der ANC und die sozialistischen Gewerkschaften darauf, das Thema Land zu vertagen. Enteignung hätte nur die internationale Gemeinschaft verunsichert, die so lange für Gerechtigkeit in Südafrika gekämpft hatte.

Heute steht der Niedergang des einst reichen und stabilen Nachbarlandes Simbabwe für das Scheitern der Landneuverteilung. Simbabwe galt vor Mugabes Enteignungspolitik als Brotkorb Afrikas. Den Besitz der Wohlhabenden auf die Armen zu verteilen, in der Hoffnung, dass diese ihn ebenso erfolgreich bearbeiten, ist erwiesenermaßen der falsche Weg. Dennoch lebt jeder weiße Farmer in Südafrika mit der Angst, sein Land könnte einer kleinen Genossenschaft schwarzer Arbeiter übertragen werden. Und es gibt schon Fälle, vor allem im Norden, wo den Besitzern Höfe zwangsabgekauft wurden, weil sie unter der Burenherrschaft einem Clan entrissen worden waren. Klüger und ehrlicher ist da das Thandi-Modell, das Schule macht. Arzt und Winzer Paul Cluver schenkte 134 Arbeitern 100 Hektar Land und entwickelte und kultivierte es zusammen mit der neuen Genossenschaft, deren Äpfel, Birnen und vor allem Wein heute in Europa begehrt sind.

Spätestens seit 1800, nachdem König Shaka im Norden das große Zulu-Reich gegründet hatte, und dem großen Treck der Buren, der 1835 begann, ging es um Landbesitz im großen Stil. Shaka und seine Krieger vertrieben die Nachbarstämme und vernichteten in den als *Mfecane* bekannten Zerstörungsfeldzügen ganze Landstriche. Auf der Suche nach neuem Land und Heimat flohen viele Stämme Richtung Süden, den Buren entgegen. Die Ndebele, berühmt für ihre bunte Ornamentkunst, sind sogar ein Zusammenschluss versprengter Clans, die dem Furor der Zulu entkamen.

Im Süden dagegen lebte man noch friedlich nebeneinander, Sorgen machten den Buren eher die Engländer, die einfach abwarteten, dass die fahrenden Bauern, auch *Voortrekker* genannt, eine Stadt gründeten, wie zum Beispiel Bloemfontein oder Pretoria, und das Land urbar machten, um es dann als ihr Territorium zu beanspruchen. Wo die Buren auch hingingen und ihre Republiken gründeten, tauchten die Engländer auf mit ihrem unersättlichen Anspruch einer Weltmacht.

Im 19. Jahrhundert veränderte sich das bis dahin pastorale Land am Ende Afrikas radikal. Die Khoi waren vertrieben und beinahe vernichtet, wie so oft weniger durch Kampf als durch eingeschleppte Krankheiten.

Auch Dingane, der Nachfolger des verehrten Shaka, konnte sein Volk nicht erhalten. Nur der Ruhm bleibt ihm, in einem Gemetzel die sonst unbezwingbaren Voortrekker besiegt zu haben. In Isandhlawana kann man sich diese und andere Schlachten vor Ort erzählen lassen, ganz in der Tradition von Paul Rattray, der den Zulu die große Ehre erwies, die Geschichtsschreibung der Europäer zu erweitern. Er machte durch seine Forschung und Erzählkunst aus diesen Kämpfen eine afrikanische Legende. 2007 erstach ihn ein Gelegenheitsdieb im Schlaf.

Besonders tragisch ist der Untergang der mächtigen Xhosa, die nicht von außen, sondern von innen besiegt wurden.

Nach den großen Schlachten begann ein neues Zeitalter. Und Fieber ist immer ein Zeichen der Zeitenwende. Einige Xhosa-Häuptlinge steigerten sich in den Wahn, die Feinde der Briten auf der Krim, von denen sie gehört hatten, die Russen, wären ebenso schwarz wie sie und würden mit den wiederkehrenden Seelen großer Xhosa-Krieger durch das große Felsentor am Mpako-Fluss aus dem Meer kommen, um ihnen beizustehen gegen die weißen Fremdlinge. Aber nur, wenn die Xhosa ihren größten Reichtum, ihr Vieh und Korn, opferten, so die Prophezeiung eines Mädchens. 1856 schlachteten die Xhosa ihre Herden und verbrannten ihr Getreide, aber keine Rettung kam, woraufhin Zehntausende verhungerten. Bis heute erscheinen einem manche Landstriche der Xhosa zwischen Port Elizabeth und Margate südlich von Durban leer. Zwar sind die Xhosa die zweitgrößte Ethnie nach den Zulu, aber das Desaster von 1856 brach einer stolzen und mächtigen Nation das Rückgrat.

Einerseits stammen viele herausragende Südafrikaner wie Mandela von den Xhosa ab, andererseits ist deren Heimat, die später als Bantustans (Homelands) Ciskei und Transkei genannten Gebiete, heute noch arm, und fast jeder arbeitsfähige Xhosa lebt entweder im reichen Westkap oder in Gauteng rund um Johannesburg.

Den Aufschwung durch die WM hatten diese Regionen bitter nötig. Port Elizabeth wird auf dem Weg zur Wild Coast unterhalb Durbans gern umfahren. Die N2 führt auch wenig verführerisch durch Industriezonen, und Reisende machen eher einen Abstecher in den nahen Addo Elephant Park oder bereits vorher an der gartenlosen Garden Route zu den schönsten Surfstränden in Plettenberg Bay, St. Francis und Jeffrey's Bay.

Jenseits des Wohlstands der Kapregion und rund um Johannesburg hat eine Stadt wie East London schon wieder einen anchronistischen Charme. Sven erinnerte die Hafenstadt an seine südschwedische Heimat um Karlskrona, die ebenso bodenständig ohne den Glamour des 20. Jahrhunderts auskommt. Ein Aspekt, den der Europäer nie unterschätzen sollte. Den einstigen, nun wegsanierten wilden Charme vieler Küstenorte, Landstriche und Menschen findet er in Südafrika wieder. Sogar Südafrikaner lieben das Homeland der Xhosa für seine Rauheit. Die Menschen und Strände der Wild Coast, die billigen Unterkünfte und die Unverdorbenheit lassen viele an die unzähligen, oft versteckten Orte am Meer pilgern, um den ganzen Tag zu surfen, in der Hängematte zu liegen oder auf dem Pony eines Sozialprojekts über die grünen Hügel zu reiten. Ein Geheimtipp reiht sich hier an den anderen, der beste, wenn auch inzwischen alles andere als »geheim« ist Coffee Bay, der bekannteste Strand der Küste, den man nur über Holperstraßen erreicht.

Die Transkei mit ihren sanften Hügeln und ihrem fast unberührten Lebensstil der Xhosa ist ein schönes Geheimnis, dem man nur mit Abenteuergeist auf die Spur kommen kann. Straßenkarten führen einen ins Nichts, Menschen staunen über die meerschaumweißen Fremdlinge, und im Dunkeln Auto zu fahren wagt kaum einer. Ziegen und Kühe bevölkern nachts nicht nur die Landstraßen, sondern auch die Autobahn durch die Transkei.

Am deutlichsten wird einem der Übergang vom Siedlerland zur Heimat der Xhosa am Kei River, eine Stunde nördlich von East London. Auf der südlichen Seite liegt der kleine Ort Kei Mouth mit Ferien-Chalets am Strand, gegenüber die ehemals souveräne Transkei, ebenso sanft geschwungen und mit mäandernden Flüsschen auf dem Weg zum Meer, aber eindeutig Stammesgebiet.

Der Kei River, größer als seine Nachbarrinnsale, war schon immer ein Grenzfluss. In Kei Mouth kann man den Fluss mit der Autofähre überqueren. Zwei Autos und ein paar Fußgänger mit Einkäufen füllen die Plattform, dann wendet der Fährmann mithilfe eines fetten Außenbordmotors und überquert den langsamen, oft lehmigen Strom. Auf der anderen Seite erwarten einen steinige Pisten, Ziegen und Dörfler, die sich auf der Straße versammeln. Das eben noch relativ leere Eastern Cape ist plötzlich eng besiedelt. An allen Hügelhängen sprießen gerade mal zimmergroße Rundhäuser mit spitzen Dächern aus Blech oder Schilf aus dem grasigen Boden, und reges Leben herrscht an den Straßenrändern.

Eben fuhr man noch eher einsam durch eine Landschaft mit europäisch abweisenden Siedlungen und fest verschließbaren Türen, plötzlich ist man mitten unter Leuten, die überall leben, lieben, lachen, waschen, streiten und ihr Vieh antreiben.

Absurderweise konnten wir bei unserem Vorstoß ins Stammesgebiet als einzige Übernachtungsmöglichkeiten nur zwei heruntergekommene Feriensiedlungen für weiße Vorstadtgäste aus Johannesburg finden. Für den Preis der Zimmer hätte man locker im Vier Jahreszeiten in München absteigen können. Aber die schlichten Ferienhütten an den Surfständen weiter im Norden lagen einige Stunden über Schlaglochpisten entfernt.

Glücklicherweise fuhren wir einen Toyota Venture, einen kastigen Kleinlaster, in dem wir offiziell zu zehnt fahren durften, aber auch schon mal mit 15 Leuten, teils sogar dicken Erwachsenen, unterwegs waren. Ein simpel gebautes, fast unzerstörbares Auto, das im Eastern Cape sehr gern als Sammeltaxi benutzt wird. Weswegen uns auch an allen Ecken in der Transkei zugewunken wurde. Einmal stellte sich sogar ein völlig überfülltes Taxi quer, um uns zu stoppen und uns ein paar seiner Fahrgäste aufzuhalsen. Der Hüne am Steuer staunte nicht schlecht, als er uns Weiße entdeckte. Ebenso die Muttis mit den runden Backen und die jungen Männer mit den keck schräg aufgesetzten Wollmützen. Sie lachten freundlich und entschuldigten sich, und nach ein paar unverständlichen Sätzen und unter viel Gewinke fuhren wir weiter.

Zurück in Kei Mouth, fanden wir ein Self-Catering-

Apartment mit Meerblick. Nur keiner winkte mehr. Dafür riet uns ein freundlicher Xhosa-Polizist besorgt, gut auf unser Auto aufzupassen.

Ganz anders das ehemalige Bantustan Bophuthatswana im Nordwesten an der Grenze zu Botswana. Schon früh nutzten die Buren die Stammesgebiete der Tswana für ihre Zwecke. Und brachten so Wohlstand in das größte, von niemandem auf der Welt anerkannte Homeland. Hier, zwei Stunden von Johannesburg entfernt, erlebten wir die seltsame Mischung aus Safari, Roulette und Stammestradition, die um die Retortenstadt Sun City – damals wegen der Nacktrevues Sin City (Sündenstadt) genannt – erschaffen wurde.

Bei der Safari war aus dem hohen Gras nur ein Knurren und träges Grollen zu hören. Dass die Löwen Sex hatten, musste man sich vorstellen, denn außer 30 anderen Besuchern des Game Parks in oder auf ihren Autos war eigentlich nichts zu sehen. Die großen Kameras klickten und blitzten in die Abenddämmerung, um später Bilder der grünen Hügel von Pilanesberg zu zeigen und vielleicht einen gelben Fleck, der als Mähne durchgehen kann. Das Zittern der Luft, das einem wirklich Furcht einjagt, kann man nicht einfangen. Was man in Filmen hört und sieht, hat so gar nichts mit der körperlichen Präsenz eines Löwen zu tun, gerade wenn er unsichtbar ist.

Die Landschaft ist echt, die Giraffenfamilie zwischen den Dornbäumen auch, der Sonnenuntergang, der Geruch nach warmer Erde und trockenem Elefantendung, aber es ist trotz allem ein Tierpark, umzäunt und für Menschen gemacht wie das benachbarte Sun City.

Das selbst ernannte Las Vegas Südafrikas ist ein immer wieder renoviertes Überbleibsel der südafrikanischen Doppelmoral. Die weite Welt sollte hier stattfinden, der amerikanische Glamour Einzug halten im weltfremden Südafrika. Hier durfte um Geld gespielt und nackt auf der Bühne getanzt werden, was unter den Buren strikt verboten war.

Bophuthatswana wurde in den 1970ern das alte und neue Zuhause der Tswana, die eng mit den Sotho verwandt sind. Hier sollten die Schwarzen unter sich bleiben, wie in der Transkei und der Ciskei der Xhosa oder im Gebiet der Venda an der Grenze zu Mosambik am Krüger-Park. Eine Selbsttäuschung in großem Stil: Steck alle Schwarzafrikaner in Reservate, dann hast du den Rest des Landes für dich. Wie absurd dieses Gedankenspiel war, zeigte die Realität. Der weiße Südafrikaner durfte offiziell über die neue Grenze, um zu sündigen, während die sogenannten Nichteuropäer als »Gastarbeiter« in Townships um die Städte leben mussten oder als verarmte Farmarbeiter auf dem Land.

Bophuthatswana schien als einziger Substaat der Apartheid tatsächlich zu funktionieren, obwohl das Territorium aus vielen Enklaven bestand, zwischen denen reiche weiße Farmer lebten. Wie absurd aber der Zweck des Bantustans war, in dem man beim »Schwarzen Mann« pokern, Nacktrevuen besuchen und billig Wild jagen durfte, zeigte 2008 ein Prozess des Tswana-Stammeshäuptlings gegen die Betreiber des Sun-City-Komplexes. Rund 500 €, behauptete der Häuptling, zahlten diese dem Stamm jedes Jahr Miete für etliche Quadratkilometer und kümmerten sich kaum um die versprochene Subvention sozialer Projekte. Die Milliarden Rand, die Sun City einnimmt mit seinen Hotels, Golfplätzen, Arenen und Vergnügungsparks, gingen und gehen im Großen und Ganzen immer noch an den Tswana vorbei.

Wer sich von Johannesburg oder Pretoria auf die für südafrikanische Maßstäbe kurze Fahrt macht, wird überrascht sein, wie »pappig« Sun City aussieht. Eine Theaterkulisse in der relativ baumlosen Landschaft. Und als Theaterkulisse muss man sie auch sehen, als Kirmes für Buren, auch wenn hier einst Queen auftrat, Oprah nach der Einweihung ihrer Begabtenschule 2007 ihren Geburtstag feierte und im Konferenzzentrum afrikanische Politik gemacht wird. Oder einfach nur die Biltong-Kartoffelchips-Werbekampagne beschlossen wird. Die Stadt bleibt ein seltsam billiger Traum, den einst der kleine, aber im Planen und Umsetzen große Sol Kerzner geträumt hat. Inzwischen eröffnet er Superhotels in Dubai oder Luxusapartments an der Waterfront in Kapstadt, die heute Investoren aus Dubai gehört.

Sun City war die Sehnsucht nach der weiten Welt, die sich dann entsetzt von Südafrika abwandte. Heute ist es eher ein Museum der Zeitgeschichte, ähnlich der Gold Reef City in Johannesburg, in der die Goldgräberzeiten auf adrette Weise erhalten sind. Das nur als Warnung für den, der wie wir angelockt wurde von der Illusion einer aufwendigen afrikanischen Phantasiewelt, die in der Werbung daherkommt wie eine Mischung aus Disneyland, Potsdamer Schlossanlagen und Luxuscasino im Mayatempel.

Dabei gibt es kaum einen Ort in Südafrika, an dem man sich nicht auf irgendeine, meist viel einfachere Weise vergnügen kann. In Rustenburg gleich nebenan kann man sich ein schönes Fußball- oder Rugbyspiel ansehen im 40 000 Zuschauer fassenden großen Royal Bafokeng Stadium, das schon vor der WM 2010 mächtig über der verschlafenen Kleinstadt thronte. Der Reichtum durch Platin in der Erde machte es möglich.

Sind die begehrten Erze dem Tswana-Volk der Bafokeng (Menschen des Morgentau) und ihrem König zugutegekommen, leben die anderen Ethnien der Gegend eher ein bescheidenes, aber beschauliches Leben. Im wahren Sinn des Wortes.

Am großen Parkplatz von Sun City führt ein kleiner Eingang in ein afrikanisches Dorf aller Stämme. Eine mollige Xhosa-Frau rauchte bei unserem Besuch gemütlich ihre Langstielpfeife vor der Hütte, eine Ndebele staubte die bunten Muster an ihrem Haus ab, zog sich danach schnell um und erschien vor der Zulu-Schilfhütte mit einem Lächeln und einem Kind auf dem Arm. Wir lachten und die Schauspieler mit uns. Wir waren die einzigen Besucher dieser Täuschung. Die Menschen waren aber echt, wie die traditionellen Tänze und die gerösteten Mopani-Würmer, die gerecht unter allen Anwesenden aufgeteilt wurden.

Echt oder falsch spielt also am Ende keine so wichtige Rolle in Südafrika, wenn man sich an die Menschen hält. Und langweilig sollte einem nie werden, wie einem Freund vor Jahren, der bei seinem Besuch italienische Kirchen vermisste, römische Thermen und spanische Zitadellen. Überhaupt das Alte, Ehrwürdige, das wenn schon, hier nur von Neureichen klotzig nachgemacht wird. Wer braucht das schon? Oder wie der englische Schriftsteller Cyril Connolly dazu treffend bemerkte: »Das Licht in Südafrika ersetzt die Architektur.«

Hart, aber herzlich: Johannesburg

»Stadt aus Blech mit goldenem Keller« wurde das frühe Johannesburg genannt. Der spätere Namensgeber der ehemaligen Minenstadt ist unbekannt, nicht weil man sich an keinen Johannes erinnern könnte in der relativ kurzen Geschichte der Stadt, sondern weil so unglaublich viele Buren mit Johannes als erstem, zweitem oder drittem Namen involviert waren, dass man nicht weiß, auf welchen man es zurückführen soll. Wozu auch?

Bei den Einheimischen heißt die Stadt kurz Joburg oder Jozi oder eGoli, Zulu für »Die Stadt aus Gold«. Was sie heute noch ist, den fetten neuen Geländewagen nach zu urteilen, die in den Ferien allerorten vom Reichtum der Gauteng-Provinz zeugen. Gauteng bedeutet übrigens »Ort des Goldes«.

Wer heute nach Johannesburg kommt, sieht seine jüngste Geschichte deutlich. Große Abraumhalden ragen überall in den Himmel wie akkurat geformte Goldbarren, nur schmutzig und 1000-mal größer. Sieben Gramm Gold pro Tonne Erde gelten als ertragreich, was die unglaubliche Buddelwut erklärt, die kilometertiefe Schächte und unterirdische Städte und an der Oberfläche riesige Maulwurfshaufen hinterlassen hat.

Johannesburg und Kapstadt sind die Antagonismen dieses großen Landes, vom Gegensatz zur Natur mal abgesehen. Johannesburg und Kapstadt verkörpern so unterschiedliche Lebensauffassungen, dass man sich trotz gemeinsamer Sprache oft nicht versteht. Wie kann man nur in so einer gemütlichen und übertrieben schönen Stadt leben, die im Herzen ein Dorf ist, fragen sich Joburger aus dem flachen Hochland des Transvaal. Und wie kann man nur in so einer hässlichen, lauten und geldorientierten Stadt leben, die eben noch eine Baugrube war und ohne jeden historischen Charme ist, fragen sich die Kapstädter.

Ein Gruppe schwarzer Studenten erzählte uns einmal beim Aufstieg auf den Tafelberg, dass sie noch nie solche Berge gesehen hätte und dass sie der Tafelberg an die vertrauten und ebenso platten Abraumhalden ihrer Heimat erinnere.

Herman Charles Bosman, Lieblingsautor und einer der besten Kurzgeschichtenschreiber des Landes, kommentierte bis zu seinem Tod 1951 immer wieder humorvoll und mit Ironie den schnellen Wandel von Johannesburg: »Mit seinen Wolkenkratzern ist Johannesburg heute keine gewöhnliche Stadt mehr. Diese großen Gebäude aus Stahl und Beton würden überall großen Eindruck schinden, erst recht, wenn man sie mitten ins veld (Flachland) rammt. Aber glücklicherweise kann man noch Spuren des Minencamp-Ursprungs finden: z. B. die öffentliche Bibliothek!«

Bosman war ein Liebhaber des frühen Johannesburg, als weder Architektur noch zu viel Zivilisation dem freudigen Chaos der Minenstadt im Weg waren. Lawrence Green, wie Bosman ein herausragender Biograf seines Landes, verglich den eher düsteren Eindruck von Berlin, Paris oder Marseille mit dem ewigen Glanz des Goldes, das den Bewohner Johannesburgs leuchten macht.

Wahr ist, Jozi ist ein hartes Pflaster. Schnörkellos und direkt, energetisch und hässlich. Manche schwören, dass sie schon von Weitem die Energie dieser Ansammlung von über zehn Millionen Menschen spüren. Kapstadt ist sanft und salzig. Johannesburg ist schwitzig und fiebrig. Hier kann man sein Glück versuchen und seinen Übermut loswerden, um sich danach in Kapstadt zur Ruhe zu setzen.

Das Ende der Apartheid traf eine der größten Städte Afrikas besonders hart. Wegen seiner Lage ist Johannesburg schon immer erste Anlaufstelle aller Immigranten und Wirtschaftsflüchtlinge aus anderen Ländern gewesen. Dann fluteten aber auch alle jene die Innenstadt, die bis dahin weit draußen gehalten worden waren.

Geschäfte und Wohlhabende flohen wie in vielen großen Orten des Landes an den Rand der Stadt und überließen deren Herz dem Verbrechen und der Hoffnungslosigkeit. Hillbrow zum Beispiel ist ein herrlich gelegenes und ausnahmsweise auch mit schönen historischen Häusern bebautes Viertel, aber praktisch unbegehbar, wie manche New Yorker Stadtteile in den 1980ern und frühen 1990ern. In den Hillbrow Tower, ein Hochhaus im korrumpierten Bauhausstil, wagt sich nicht einmal die Polizei. Rudolph Giuliani, einst erfolgreich als New Yorks Bürgermeister im Kampf gegen Verbrechen, war offizieller Berater der Stadtregierung, schließlich wurden 2010 sowohl das Eröffnungs- als auch das Endspiel in Südafrikas inoffizieller Hauptstadt ausgetragen.

Maboneng, die »Stadt aus Licht«, ist immerhin die Heimat drei großer Fußballklubs in der Premier League: der Kaizer Chiefs, der Moroka Swallows und der Orlando Pirates, deren Heimstadion mit 95 000 Sitzen Hauptaustragungsort der WM war.

Aber was erwartet einen wirklich in der Stadt mit den meisten ummauerten Grundstücken der Welt? Oder der zusammengenommen längsten Mauer um Privatbesitz? Weitaus länger als die Chinesische Mauer übrigens. Was hat man da als Besucher zu suchen, als Fußballfan oder als Gast des Goethe-Instituts? Was macht man da? Blöde Frage. Man nimmt, was man kriegt, und da eGoli nicht nur Ort einer gleichnamigen Fernsehserie voller hysterischer, meist schwarzer Karrierestädter ist, sondern auch eine ungefilterte und ungedämpfte Weltstadt, sollte man sich nicht von der Hässlichkeit und dem Sicherheitswahn stören lassen. Die Innenstadt wird einem vertraut vorkommen, sie hat den grauen Charme einer zerstörten und wiederaufgebauten deutschen Nachkriegsstadt, eine öffentliche Kameradichte wie London und wird den Reisenden mit ihren Autobahnknoten und ihrem kargen öffentlichen Verkehr an Los Angeles erinnern. Ein amerikanischer Reisejournalist behauptet sogar, dass Joburgs reiche Vororte, wie etwa Sandton, Beverly Hills aufs Haar gleichen. Außer dass die schwarzen Hausangestellten die Wäschekörbe auf dem Kopf tragen.

Nat Nakasa, ehemals Journalist für das oppositionelle Lifestyle-Magazin *Drum* und Mitarbeiter Nadine Gordimers, bedauerte einmal, dass er seine Heimatstadt nicht unschuldig wie ein Besucher sehen kann. Er und die Stadt, schrieb er, blieben miteinander verbunden wie die Laborratte und der verrückte Wissenschaftler.

Johannesburg ist eine Stadt, in der von der Vierten

bis zur Ersten Welt alles vertreten ist in einem durchaus demokratischen Chaos, weder Afrika noch Europa. Die ältere Frau in dem unscheinbaren Toyota an der Kreuzung ist eine sozial engagierte Oppenheimer, Erbin einer Familie, die seit Urzeiten das weltweite Diamantengeschäft kontrolliert. Der Schuhputzer neben ihr ist Soziologe, stammt aus einer angesehenen Familie aus dem Kongo, von wo er vertrieben wurde. Der Mann im gelben Maserati konnte bis zu seinem 30. Lebensjahr nicht lesen und ist heute Parteivorsitzender, und der junge Zulu, der auf ein Minitaxi wartet, ist ein bekannter Kolumnist auf dem Weg nach Saxonwald (ursprünglich Sachsenwald), um Inspiration zu finden in der Welt größtem von Menschenhand angelegtem Wald, den einst ein deutscher Minenbaron pflanzen ließ.

Johannesburg hat nicht die Last und Fülle der alten Kultur, die Kapstadt ausmacht, seine Bewohner leben im Jetzt, und nichts verweilt. Etwas außerhalb der Stadt in Sterkfontein am Witwatersrand (Weißwasserrand), einem Teil der kontinentalen Wasserscheide zwischen Atlantik und Indik, liegt das Grab von Frau Ples und mindestens 500 anderen Frühmenschen, die vor etwa 2,5 Millionen Jahren hier tanzten, lachten und sich einen Dreck um die Vergangenheit scherten. Wie echte Joburger eben.

Ubuntu: Der lange Weg zur Freiheit

Nach Seewegen, Vieh, Land und Gold wird endlich die Freiheit zum Inhalt der neuen Identität. Südafrikas 1997 verabschiedete Verfassung gilt als die liberalste der Welt. So wie Deutschland aus seiner Vergangenheit gelernt hat, haben die Südafrikaner ihre Lektion nach den ersten freien Wahlen verstanden. Es herrschte trotz aller Befürchtungen und Rachegelüste Frieden. »Mandela, let us kill our enemies!«, forderten Anhänger bei seinen Reden. Die Wut nach Jahrzehnten des Polizeiterrors und der Schikane war überwältigend. Und doch herrschte Ruhe. Es war, als hätten Mandela und viele andere den Fluch gebrochen. Der Weg dahin aber war hart.

Manche seiner Kampfgefährten beschweren sich zwar, Mandela hätte sich ruhig beeilen können mit seiner Freilassung, aber das ist ein Witz über die langsame *african time*. Die langen Jahre waren auch dazu gut, »Madiba« Mandela Stoff und Reife für seinen »Langen Weg in die Freiheit« zu geben.

Madibas Biografie ist ein so exzellentes, witziges wie kluges Buch über sein Leben, das eine Metapher für die Entstehung einer neuen Nation ist. Sie erstreckt sich von einer zeitlosen und glücklichen Kindheit in der Transkei bis zu einer Gegenwart, die er politisch, sozial und moralisch stark geprägt hat, als der Welt Augen in den 1980ern und 1990ern auf ihn und sein Land gerichtet waren. Er schafft es, selbst die düsteren Jahre der Verfolgung und Einkerkerung mit einem liebevollen Humor zu beschreiben. Der Apartheidsstaat und seine Knechte verstanden gar keinen Spaß.

Ein düsterer wie ebenso genialer Gegenpart zu Mandelas Biografie ist Rian Malans »Mein Verräterherz«, das in den späten 1980ern für Aufregung sorgte und das nicht nur von John Le Carré und Salman Rushdie mit Lob überschüttet wurde. Malan zog aus als *kafferboetie* (Schwarzenfreund), sein Land und vor allem seine einflussreiche Familie zu erforschen, deren Mitglieder immer ganz vorn standen, wenn es um Segregation und Rassismus ging. Vor allem für einen Außenstehenden, der sich nur über Doris Lessings, J. M. Coetzees, Nadine Gordimers oder Breyten Breytenbachs Romane ins südafrikanische Herz der Apartheid eingelesen hat, ist Malan eine Offenbarung. Die Realität, die er teils als Reporter erfahren hat, ist unfassbarer als jeder Roman.

Jede Form von aufgeklärter Politik und vor allem alle interessante Kultur fand im Widerstand statt. Die Ära des Kap-Jazz war weltweit prägend, mit Dollar Brand aka Abdullah Ibrahim als berühmtestem Vertreter. Millionen kennen sein Lied »Manenberg«, das einen damals lebendigen Vorort beschreibt, der heute eine der gefährlichsten Ecken am Kap ist.

Überhaupt war Südafrika am Erwachen, und ausgerechnet ein Deutscher hatte großen Anteil daran. Jürgen Schadeberg kam in den 1950ern aus dem zerstörten Berlin zum südafrikanischen *Drum Magazine,* inspirierte, fotografierte und dokumentierte eine wichtige Zeit Südafrikas, in der Widerstand zum neuen Selbstbewusstsein wurde und investigativer Journalismus die Machthaber verunsicherte. Bei *Drum* entstand in jenen Jahren eine einzigartige Mischung aus James-Dean-Eitelkeit und kompromisslosem Journalismus. Die Männer um Schadeberg, Henry »Dr. Drum« Nxumalo, Can Themba, Todd Matshikiza, Nat Nakasa, Lewis Nkosi, William Bloke Modisane, Arthur Maimane und Casey Motsis, arbeiteten als die *Drum Boys* zusammen unter dem Motto: »Leb schnell, stirb jung und sei eine gut aussehende Leiche.« Das war keine Koketterie, Nxumalo zum Beispiel wurde schon bald nach einer Reportage tot aufgefunden.

Ein anderes geniales Aufeinandertreffen der Interessen war das des Amerikaners Alexander Rogosin und Miriam Makebas. Rogosin war ein jüdischer Antifaschist, der unter dem Vorwand einer Musikdokumentation den Terror des schwarzen Lebens unter der Burenherrschaft vor Ort filmen wollte und dabei Miriam Makeba als Sängerin entdeckte. Er verhalf ihr und *Drum*-Autor Bloke Modisane zur Ausreise und feierte den Erfolg seines neorealistischen Films über Südafrika auf dem Filmfestival in Venedig, wo Makeba mit ihrer Stimme und ihrem Afro-Look für großes Aufsehen sorgte. Sie wurde zur Gallionsfigur der Anti-Apartheidsbewegung. Sie starb 48 Jahre später (2008) dort, wo ihr internationaler Ruhm begonnen hatte, in Italien, auf einer Bühne und für eine gute Sache.

Der Verfall einer kreativen Nation begann endgültig

mit den Umsiedlungen nach Rassen und der Erschaffung der Homelands, der Bantustans, die in den ehemals zentralen Stammesgebieten geschaffen wurden, um jeden schwarzen Bürger zum Ausländer zu stempeln. Es war ein offener Krieg, der da begann, denn Familien, Leben und Identitäten wurden zerstört, und die Passgesetze machten jeden ohne Ausweis zum Kriminellen. Die Grenze zwischen Gut und Böse wurde verwischt, da fast jeder Nichtweiße ein Gesetzloser wurde. Eine Gangsterkultur der *Tsotsis* (Slang für *zoot-suit*, schicker Anzug) entstand. Gavin Hood verfilmte 2006, Jahrzehnte später, kongenial Athol Fugards Roman »Tsotsi«, was mühelos gelang, weil diese Kleinverbrecherkultur bis in die Gegenwart (nur weniger gut gekleidet) den sozialen Frieden zerrüttet.

Die Afrikaaner an der Macht gingen gründlich vor, indem sie ganze Viertel platt walzen ließen. Sofiatown in Johannesburg verschwand, und Soweto als Township entstand. In Kapstadt wurde der District Six ausradiert und die nichtweiße Bevölkerung in die *Cape Flats* umgesiedelt, die ehemaligen Sümpfe der False Bay. Heute lebt hier über eine Million Menschen in Blechhütten, Zelten und Ein-Zimmer-Regierungshäusern.

Wie sehr von der Welt abgeschnitten das offizielle Südafrika in den 1970ern war, offenbart die Tatsache, dass erst 1976 das erste nationale Fernsehprogramm ausgestrahlt wurde. Gleichzeitig mit dem Fernsehen kam die Einführung von Afrikaans an den schwarzen Schulen, was noch im gleichen Jahr zum blutigen Sowetoaufstand führte. Die Sprache der Unterdrücker lernen zu müssen schlug dem Fass den Boden aus. Wer als Schwarzer oder Coloured nicht wohlhabend war, konnte die Schule ohnehin nur bis zur neunten Klasse besuchen. Wie weitreichend die

Apartheid die Würde und die Entwicklung der Menschen beschädigt hat, wird klar, wenn man erfährt, dass erst in den 70er-Jahren Farbigen erlaubt wurde, das Maurerhandwerk zu erlernen und auszuüben.

In den 80ern stand das Land vor dem Kollaps. Die Machthaber wurden immer machtloser, vor allem weil die jüngere Generation längst ein weltoffenes Lebensmodell lebte, die Rassengesetze ignorierte und Widerstand an der Tagesordnung war.

Mutter allen zivilen weißen Widerstands war Helen Suzman, die erst kürzlich verstarb. 13 Jahre, von 1961 bis 1974, bildete die kleine zähe Frau die Einfrau-Opposition im Kapstädter Parlament. Als einzige Vertreterin der Progressive Party, die später zu Helen Zilles Democratic Alliance wurde, war sie das Gewissen der Nation, im ständigen Kampf gegen die verkommene Moral der selbstherrlichen Afrikaaner. Wenn sich die Herren bei der Verabschiedung absurder Gesetze zunickten, wurde sie laut. Ihrer Sturheit hatten Mandela und seine Kampfgefährten wesentliche Hafterleichterungen auf Robben Island zu verdanken.

Was der Apartheid endgültig den Todesstoß versetzte, war nichts Geringeres als der Berliner Mauerfall im November 1989. Mit dem Machtverlust des Kommunismus schwand die Angst der burischen Machthaber vor der roten Gefahr. Die Verhandlungen mit dem verhassten ANC konnten beginnen.

Die vier Jahre zwischen Mandelas Freilassung und seinem ersten Tag als Präsident des endlich freien Südafrika waren ein harter Test. Nicht mehr nur die Geheimpolizei und militante Splittergruppen, sondern auch weiße Rassisten attackierten nun die Mehrheit der Bevölkerung, die sich in einem Referendum für das Ende der Apartheid entschieden hatte.

Nelson Rolihlahla Mandela, der sich nach friedlichen Anfängen unter der Apartheid für den bewaffneten Kampf und Terror entschieden hatte, rettete den brüchigen Frieden der neuen Demokratie durch den ständigen Aufruf zu Vernunft und Frieden. Das Xhosa-Wort *Ubuntu* ist heute in aller Munde, wenn es um den Frieden einer Gemeinschaft geht. Und ganz Südafrika sollte eine Gemeinschaft werden, die nichts zu verbergen hat. Höhepunkt der südafrikanischen Revolution war deshalb die Truth and Reconciliation Comission (TRC), die sogenannte Wahrheitskommission.

Die TRC holte unter dem Vorsitz des anglikanischen Erzbischofs und Nobelpreisträgers Desmond Tutu ans Licht, was die Apartheid verscharrt hatte. Und der ANC. Die TRC arbeitete gründlich, und der regierende ANC wunderte sich, warum auch die eigenen Verbrechen auf der Tagesordnung standen. Der ANC hatte einigen Dreck am Stecken, Winnie Mandela ist nur ein prominentes Beispiel dafür. Sie wurde des Mordes an einem jungen Mann, Stompie Moeketsie, angeklagt. Der eigentliche Skandal war, dass Stompie Moeketsie auf eine Weise starb, wie sich die weiße Geheimpolizei ihrer schwarzen Verhöropfer entledigte. Er wurde erst entführt und »fiel« dann aus dem Fenster. Winnie Mandela wurde dafür als Anstifterin zu sechs Jahren auf Bewährung verurteilt. Ihr Ehemann und Kampfgefährte Nelson Mandela trennte sich danach öffentlich und unter Tränen von ihr.

»Die Wahrheit macht dich frei« wurde wörtlich genommen und die Prozesse im staatlichen Fernsehen übertragen. Mord, Folter, Verfolgung, Vergewaltigung, Hass, all das konnte offiziell vergeben werden und verziehen,

wenn es aus rassistischer oder politischer Verblendung ge-
schah. Im Tausch gegen Wahrheit und Reue gab es Straf-
freiheit. Wie hoch der Maßstab der TRC war, zeigt die
Zahl der abgelehnten Amnestien: 5392. Nur 849 Straftä-
ter gingen frei aus, weil sie ehrlich und gründlich genug
bereuten. Der Mörder, Folterer, Verräter konnte nach
Hause gehen. Und ebenso das Opfer. Nicht immer er-
leichtert, aber frei von Ungewissheit und Anonymität.

In kaum einem anderen Land gab es je so eine gründ-
liche Reue. Nicht jeder war glücklich damit, dass bei der
Wahrheitskommission rechtskräftig verziehen wurde, statt
zu verurteilen, wie es unser demokratisch gebändigter
Instinkt fordert. Ins Gefängnis! Lebenslänglich! Und dann
vergessen nach einem Jahr. Nicht jeder wollte verzeihen,
nicht jeder bereute, aber Tausende konnten danach ohne
Albträume leben in Südafrika.

Und mit der Reue kommt oft die Vergebung. Nur ein
wenn auch ungewöhnliches Beispiel lieferte der ehemalige Sicherheitsminister Andriaan Vlok, der noch Ende
der 1980er die Vergiftung des prominenten Pfarrers James
Chikane anordnete, obwohl Reformen längst den Frieden bringen sollten. Der Anschlag misslang. 2007 überraschte Vlok Chikane mit einem Besuch und bat ernsthaft um Vergebung. Er wusch ihm die Füße, und ihm
ward, wie so vielen vor ihm, vergeben.

African Renaissance:
Ein neues Land

»Wo bist du, Adam?«, fragt Gott in der Genesis. Er will von Adam nicht wissen, hinter welchem Baum er sich versteckt, sondern wo er im Leben steht. Wer bist du geworden, Adam?

»Wo bin ich?« ist eine wichtige Frage im heutigen Südafrika, jetzt, da die lang erkämpfte Freiheit längst da ist. Ob Comrade, ehemaliger Bantu, Burenschädel, Cape Coloured, deutscher Auswanderer: Die Frage ist, welche Rolle spielt man in der neuen Freiheit.

Thabo Mbeki, Mandelas Nachfolger, ist ein gutes Beispiel. Seinen Familienclan in der Transkei besuchte er meist nur für die Presse. Seine Stammestraditionen empfand er als altertümlich, englischen Intellektualismus als vorbildlich und sozialistischen Fortschrittsglauben als aufregend, aber den westlichen Kapitalismus praktischer. Und doch war er der Vater der afrikanischen Erweckung, der African Renaissance. Nicht der ersten, das ist sicher, aber der staatlich verkündeten. Doch was nimmt man mit in die afrikanische Wiedergeburt? Wie funktionieren westliche Werte neben der sozialen Stammesidentität mit Initiationsritus, Brautpreis, Ältestenrat und einem König bei den Zulu? Ein Frage, die für die Tswana, Ndebele, Zulu, Sotho, Xhosa ebenso wichtig ist wie für die Afrikaaner, die sich umorientieren müssen.

Südafrika erlebte zur WM-Vergabe einen Boom. Man begann gigantische Stadien zu bauen, die Hauspreise verzehnfachten sich, überall traf man auf internationale Filmteams, die Werbespots für Cabrios, Joghurts oder Haargel drehten. In der Kapstädter Long Street, die 2002 noch einige heruntergekommene Bauten mit vernagelten Fenstern vorzuweisen hatte, drängten sich vier Jahre später Modeläden und Cafés wie in Berlin Mitte. Das Land war in einem Rausch. Ein neues Zeitalter brach an, für jeden, aber vor allem für eine ganz neue Generation der Nach-Apartheidskinder, die sich ungeahnten Möglichkeiten gegenübersahen. Die Kultur kam aus ihrem Jammertal, DJs wie Goldfish spielten den neuen jazzigen Sound der Leichtigkeit. Es ist immer noch so. Keine Sorge. Die Südafrikaner wirft so schnell nichts um. Aber die Krise, die 2008 kam, hatte eine unerwartete Wucht. Nicht die Weltwirtschaftskrise. Der Reichtum für den tiefen Fall war nicht wirklich vorhanden.

Die Krise war eine rein menschliche. In den Townships brannten Menschen. Ausgerechnet mitten in der neuen, glänzenden African Renaissance erschlugen sich afrikanische Brüder und Schwestern. Es war eine dunkle Stunde der jungen Demokratie, in der sich der Frust der immer noch Armen und Benachteiligten auf die Fremden entlud, die aus anderen afrikanischen Staaten geflohen waren.

Wie konnte ein Land im Aufschwung so etwas erleben? Woher kamen der Hass und die Verrohung? Die Krise sagte viel über das Land. Die steigenden Lebensmittelpreise und der hohe Benzinpreis während der weltweiten Wirtschaftskrise trafen die Ärmsten, und die reichlichen Hilfsgelder der Regierung wurden und werden oft von einer Überzahl an Parteifunktionären abgefiltert. Die Renaissance hatte oben stattgefunden, in den endlosen Brettersiedlungen aber herrschte noch die alte Welt. Und in der hatten noch ärmere Fremde nichts zu suchen.

Somalier und Simbabwer betreiben kleine Läden in den Townships, Nigerianer machen ebenso Geschäfte zugunsten der Einheimischen, die oft kilometerweit laufen müssen für Grundnahrungsmittel. Aber der Neid war größer. Plötzlich fanden sich Zehntausende Flüchtlinge, die nicht nach Hause konnten, in Auffanglagern. Nach alter Tradition hatte man fremde Stämme vom eigenen Weideland vertrieben, während die Regierung in Zeitungen ganzseitig den Tag der afrikanischen Einheit feierte. Jemand hatte vergessen, die Anzeige zurückzuziehen.

Die Krise bewies, dass die alten Vorbilder des ANC überholt sind. Und das ist wichtig für den Reisenden, der sich an den erfrischenden Lebensstil der jüngeren Generation halten sollte.

Neue Rollenmodelle sind zum Beispiel Gangster-Rapper Zola, der in einer Fernsehshow gegen soziale Ungerechtigkeit antritt. Oder die Sängerin der Jazzrockband Freshly Ground, die Lieder über die Liebe und ihren Bauchspeck singt in Zeiten dünner Models. Oder Filmstar Charlize Theron, die immer wieder betont, wie gern sie in ihrer Heimat Südafrika bei Freunden mit einem kalten Bier am Braai abhängt, ganz bodenständig und unglamourös. Oder Helen Zille, erst Kapstadts Bürgermeisterin, dann Ministerpräsidentin des Westkaps, die, obwohl deutschstämmig, als große politische Hoffnung gerade der Farbigen gilt und sich immer für die Ärmsten einsetzt. Oder (der Zulu) Ndumiso Ngcobo, der mit seinem Humor und seiner Schonungslosigkeit als Autor die Südafrikaner dazu bringt, über ihren politisch korrekten Ernst zu lachen. An großartigen bis größenwahnsinnigen Vorbildern ist Südafrika reich.

Vor allem in den Städten hat sich eine neue soziale Schicht aller Rassen gebildet, die sich viel mehr durch Kultur definiert als durch Politik im Sinne des Freiheitskampfes. Eine neue Generation wächst heran, die das Gespenst des 20. Jahrhunderts abwimmeln will. Und diese neue Identität ist längst überfällig, wie die Wiedereinführung des Humors, der unter der Apartheid und dem Freiheitskampf auf allen Seiten am Verhungern war.

Peter Dirk Uys war ein Vorreiter derjenigen, die sich nicht den Spaß nehmen ließen. Um die Zensur der Apartheid zu umgehen, erschuf er als Alter Ego Evita Bezuidenhout, die überkandidelte Burenhausfrau, als Bühnendiva, die heute noch in Darling an der Westküste im eigenen Theater auftritt. Evita ist eine Ikone der Politikverweigerer geworden, sodass immer wieder ernsthaft *»Evita for President«* gefordert wird.

Und nicht zu vergessen »Madam & Eve«, die weiße Hausfrau und ihre schwarze Hausangestellte, die schon seit den 1980ern die Südafrikaner über Themen lachen lassen wie Verbrechen (scheinbar unvermeidlich), Rechtsradikale (immer brüllend), Dosenbohnen (um sich bei einem Regierungswechsel zu verbarrikadieren), Expräsident Mbekis Pfeife (hilflos ohne) und faire Bezahlung (nie).

Vierzehn Jahre nach den ersten freien Wahlen wird eine deutliche Wandlung klar. Großartig traurige Schriftsteller wie J. M. Coetzee sind nicht mehr gefragt, und auch die Politischer-Slogan-Poesie der Townships stirbt aus und macht Platz für Selbstkritik, Bohème und Komiker. Wenn man auf einer Straße wie der sonnigen Kloof Street in Kapstadt sitzt, einen Cappuccino im Vida e Café trinkt und junge Architekten belauscht, die utopische Häusermodelle aus Fell auf ihren Knien balancieren, oder jungen Schriftstellern zusieht, die sarkastische Beobachtungen in ihre BlackBerrys tippen, spürt man die Überwindung der alten Welt voller Kampfparolen.

Vielleicht sitzt Tony Yengeni neben einem, ANC-Held auf Gefängnisurlaub. Er hat beim großen Waffendeal mit den Deutschen abgesahnt und wurde erwischt, aber Parteigenossen und Parlamentarier trugen ihn unverbesserlich auf Schultern zum Gefängnistor. An der nächsten Straßenecke döst ein Mann auf dem Bordstein, der beim Betteln behauptet, er stamme aus Mosambik und habe deswegen sein blechernes Zuhause verloren. Es kann aber auch sein, dass der dicke Mann mit Schiebermütze neben einem nicht Tony Yengeni ist, sondern ein Angestellter einer Autovermietung, der seine Ähnlichkeit mit dem Volkshelden ausnutzt und den BMW Roadster vor der Tür nur waschen soll. Und ebenso könnte der bettelnde Mosambikaner ein Xhosa sein, der das schlechte Gewissen der südafrikanischen Städter nach den fremdenfeindlichen Ausschreitungen ausnutzt.

Die African Renaissance ist tot! Lang lebe die African Renaissance! Die echte afrikanische Erneuerung findet längst statt. Nicht in einer Kombination aus Rückbesinnung und Fortschritt. Kein junger Afrikaaner will Ochsenwagen fahren, große Hüte tragen und die Internet-Flatrate dazu. Kein junger Zulu Ingenieur bei BMW werden und einen Tanz auf dem Balkon aufführen wie ANC-Präsident Jacob Zuma. Und kein junger Xhosa will an einen Despoten (Schwiegervater) auf dem Land Brautgeld bezahlen für seine Freundin und gleichzeitig eine Filmcrew in der Stadt leiten. Das Vermischen der Kulturen, die *cross culture*, die noch im 20. Jahrhundert angestrebt wurde, ist eine Illusion. Etwas Neues muss her, die Synthese aus dem Ganzen. Ein eigener Stil.

Die einen klinken sich ein in die Globalisierung der Kultur, andere erschaffen sich kreativ und spirituell neu.

Wer Südafrika 2010 zur Weltmeisterschaft erlebt, lernt ein Land kennen, dessen Bewohner gerade erwachsen werden. Das ist keineswegs herablassend. Es gibt nichts Aufregenderes, als volljährig zu werden. Es kracht und brennt, es schmerzt, und nichts ist unmöglich.

Ein Schritt zur Reife ist die geistige Erneuerung, und die findet in der entpolitisierten Kultur der Städte ebenso statt wie auf dem Land. Wie beim Männercamp in Greytown, KwaZulu-Natal, oder beim jährlichen Kunstfestival in Grahamstown.

Die Kunst ist frei:
Grahamstown

Einen seltsamen Effekt hatte das Ende der Apartheid auf die Kultur. War der Widerstand die Energiequelle der Sub-, Exil- und Vorzeigekultur, begann mit Mandelas Präsidentschaft das große Kunststerben. Hier ist wieder der Vergleich mit der DDR passend. Verschwindet der Unterdrücker, stirbt auch die Widerstandskultur.

Südafrikaner, die Teil der Kleinfestivals waren und sich überall bei Ausstellungen und Musiktreffen wiederfanden, berichten von einem fast völligen Verschwinden dieser über Jahrzehnte gewachsenen Kultur, die von der wütenden Poesie des Townships bis zum rock-'n'-rollenden Widerstand der Jungburen reichte. Ein deutscher Verleger bestätigte das mit der Feststellung, dass über lange Jahre beliebte Widerstandsautoren wie Andre Brink und Breyten Breytenbach nach dem Ende der Apartheid kaum noch in Deutschland gelesen wurden. Und bei einer Lesung in Berlin 2005 wurde der Bruch für uns noch deutlicher. Die junge südafrikanische Dichterin, die eingeladen war, las mit Leidenschaft vom Aufbegehren gegen die Gewalt von oben. Das Berliner Publikum lauschte aufmerksam und klatschte höflich. Die Dichterin aber war es gewohnt, dass das Publikum nach jedem Satz mit einem Schrei die Faust reckte. Nur verstanden viele Zuhörer nicht, von welchem Unterdrücker sie sprach. Das ist ein Preis der Freiheit.

Doch Südafrikas Kulturszene hat sich längst erneuert. Und nirgendwo sieht man heute besser in die kreative Seele Südafrikas als in Grahamstown. Grahamstown ist eine kleine Stadt, die sich unerwartet auf dem Weg zwischen Port Elizabeth und East London auftut. Leer zieht die Hügellandschaft des Eastern Cape, des Ostkaps, an einem vorbei, Laster quälen sich die Steigungen hoch, und ausgehungerte Ananasverkäufer hocken am Wegrand und winken wie verrückt, wenn man auf der N2 an ihnen vorbeirast.

Fast fährt man auch an Grahamstown vorbei, das sich hinter einem Hügel versteckt, wäre da nicht dieser gigantische Monsterklotz, das Siedler-Monument, das wie eine utopische Festung über der Stadt thront. Nicht von trotzigen Buren erbaut, sondern ausnahmsweise von Engländern, die sich hier mitten ins feindliche Xhosa-Territorium gepflanzt hatten.

Grahamstown ist eine hübsche Ortschaft mit zig Kirchen, großzügigen Parks, ausnahmsweise schönen Straßen mit historischen Gebäuden und einem ungewöhnlich europäischen Flair von Geschichte. Eine der wenigen Städte des Landes, in der man tatsächlich eine Weile flanieren kann.

In diesem einstigen Marktflecken, der kurz nach seiner Gründung Zentrum der englischen Siedlerwelle von 1820 wurde, die mit ihren neuen Höfen und Feldern die

Südwanderung der Xhosa aufhalten sollte, findet einmal im Jahr das zweitgrößte Kulturfestival der Welt statt.

Im Juli, mitten im Winter, wenn ein eisiger Wind weht und dunkle Wolken über die Landschaft eilen, beginnt das National Arts Festival. Dann verwandelt sich die beschauliche Stadt in einen summenden, wimmelnden Bienenkorb, dem man das tausendfache Nebeneinander im Innern nicht unbedingt ansieht, aber immer anhört.

Arrogant wie wir aus Industriestaaten sind, kamen wir ein Jahr vor der Fußballweltmeisterschaft und erwarteten nicht viel. Und wie so oft unterschätzten wir das kreative Potenzial Südafrikas. Auf dem Kirchplatz rappten junge Xhosa und verkauften ihre CDs, Händler boten nepalesische Mützen, afrikanische Masken und Wolldecken aus Lesotho an, holländische Studentinnen führten einer Klasse schwarzer Schulkinder japanisches Puppentheater vor, und ein fröhlicher Jugendchor übte einen Gospel auf den Stufen der anglikanischen Kirche ein. Das alles sah nach gemütlicher Kleinkunst aus, bis wir das daumendicke Festivalprogramm aufschlugen.

Poster und Plakate hängen jedes Jahr wie Herbstlaub von Gebäuden und Laternenmasten, als wäre Grahamstown im Wahlkampf, nur dass es meist Komiker sind, die Tausende Besucher in die alte Pfadfinderhalle, die Exerzierhalle der Feuerwehr oder die Rhodes Universität locken zu den neuen Shows des nicht mehr so ernsten Südafrika. Allein für alle Stand-up-Comedians bräuchte man die knappe Woche, vom Rest dieses Festivals ganz zu schweigen, das wahrlich ein Wal ist in seiner Größe.

Allein der Sonntag, an dem wir nach einer guten Satire suchten, bot über 150 Shows und Konzerte in Laufweite! Dazu Kunstausstellungen und ständige Einrichtungen. Wir waren völlig überwältigt. Ein Jahr davor waren wir wieder abgefahren in Richtung verschlafener Küstenorte, denn der einzige Schlafplatz wäre damals ein Stockbett in einer kalten Zelle des alten Gefängnisses gewesen, dem *Old Goal,* in dem weggetretene Backpacker über Joints und schalem Bier über karmische Schicksale diskutierten und der einzige Weg nach draußen durch eine verdächtig schwerfällige Stahltür führte.

Diesmal hatten wir Unterschlupf im einzig anglikanischen Benediktinerkloster Südafrikas gefunden, bei weltoffenen Brüdern und gestärkter Bettwäsche, und sahen endlich einige der Shows, für die es sich lohnt, quer durchs Land zu fahren.

Siv ist nur ein Beispiel für das neue Südafrika. Sivuyile Ngesi ist ein junger Schauspieler, der als Xhosa unter Weißen aufwuchs und fürs Fernsehen entdeckt wurde, weil er schwimmen konnte, nachdem der erste Casting-Kandidat fast ertrank. Sein Leben unter komischen Vorurteilen ist Inhalt seiner Show, die er *Decaf* nennt. Weil Leute ihm ständig sagen, dass er anders ist, was er damit übersetzt, dass er zwar schwarz wie Kaffee ist, aber eben ohne Koffein. Darüber scherzte er ununterbrochen auf der Bühne in der vollgepackten Scouthall und teilte aus. Das gemischte Publikum liebte es.

Die Südafrikaner langweilen sich zu Tode mit bierernster Politik, den stets gleichen Skandalen und gemütsschwerer Aufarbeitung der Apartheid. Witzige, kluge Künstler wie Sivuyile sind gefragt. Nebenan läuft die Show seines Co-Produzenten David Newton, deren Thema unmissverständlich *Politically Incorrect* heißt. Und gar nicht im Spaß hat der sich seinen Namen mit Lorbeeren auf den neuen Pick-up sprühen lassen, als wäre er eine internationale Marke. Siv scherzt, dass er David Newtons Wagen nach Grahamstown fuhr und die Autos hupten, wenn sie

Newtons Namen sahen. Newton moderiert auch eine Reise-Fernsehshow. Menschen winkten fröhlich beim Überholen aus dem Fenster und erstarrten augenblicklich, als sie Sivuyile am Steuer sahen: »David Newton wurde gehijackt!«

Das Festival wimmelt von Satiren und Bilderstürmern. Nur über Mandela scherzt keiner, und Tutu gilt ebenfalls noch als heilig. Aber sich über Präsident Zuma lustig zu machen ist schon wieder kalter Kaffee. Der ein Jahr vor der WM trotz aller Affären zum Staatsoberhaupt gewählte Zulu ist ein zu leichtes Ziel.

Das Festival wurde vor über 30 Jahren mitten in den Widerstandsjahren gegründet, und immer noch liegt ein wenig Rebellion in der Luft, die manche Südafrikaner genüsslich einsaugen, während sie an den Händlern aus Simbabwe vorbeigehen und fröhliche Rastafaris an ihren Ständen grüßen. Damals war Theater staatsfeindlich und Liedermachen subversiv.

Heute trifft man Tänzer, Dramaturgen, Sängerinnen, Malerinnen, Jazzmusiker, Regisseure, Dichter und die Abenteurer des neuen Südafrika in Bars, am Büffet oder auf dem Balkon eines Cafés, und es fühlt sich alles immer noch studentisch-familiär an, obwohl die Kunst längst einen großen Schritt weiter ist. Ein angenehme Mischung, ein Festival, das nicht von Sponsoren glatt gebügelt oder staatstragend ist, nicht weiß dominiert wie das ebenfalls jährliche afrikaanerlastige Klein Karoo Arts Festival (KKNK), sondern eine selbstbewusste, fortschrittliche und eigenständige afrikanische Kultur spiegelt, die das neue Südafrika *at its best* auf engem Raum repräsentiert.

Ein Jahr südafrikanische Bühnenkultur in einer Woche. Von schwierig und intellektuell bis zu leicht und albern. Der Klobürstenhumor des in Kinos und Videotheken allgegenwärtigen Leon Schuster ist überwunden, man lacht über sich selbst auf klügere Weise. Und die Straßenhändler aus Simbabwe und Malawi basteln aus Draht und Perlen lebensgroße Ziegen und Rinder und persiflieren damit, was anderswo Einheimische biegen und klammern: niedliche Blumen und brave Aidsschleifen.

Grahamstown ist auch realer als viele andere Orte. Die Seele des Landes wird offen gelegt mit kritischen, schönen, wilden, absurden Bühnenstücken und Musikabenden. Man ist so nah beieinander, dass jeder, selbst die Künstler, erfrischt nach Hause fährt, niemals erschöpft, aber immer inspiriert.

Einen anderen, für Südafrika ganz neuen Typ von Kulturschaffendem trifft man hier ebenfalls. Den Projektleiter. Südafrika hat mit seiner internationalen Aufmerksamkeit so viele Förderer, dass es überall vor Förderprojekten nur so wimmelt. Der Staat fördert, andere Staaten tun es, ganze Firmenkonsortien. Die einen wollen Pluspunkte sammeln im Sozialen, andere erkaufen sich eine günstigere CO_2-Bilanz und wollen ganz Bono-inspiriert in Afrika was auf die Beine stellen.

Daran ist gar nichts falsch, im Gegenteil, Südafrika boomt zu Recht auf allen Ebenen der Zusammenarbeit und Unterstützung. Und weil andere afrikanische Länder oft unberechenbar sind, fließt viel gut gemeintes Geld in das erste afrikanische Land, das eine Fußball-WM ausrichtete.

John betreibt ein Projekt mit freiwilligen deutschen Helfern irgendwo an der Wild Coast, wo Sonnenkollektoren verarmten Xhosa-Dörfern ein Einkommen bescheren sollen. Michelle leitet ein ökologisches Tourismusprojekt ganz in der Nähe, bei dem die ganze Dorfbevölkerung eingebunden wird. Vuzi betreut eine Gruppe Jugendlicher in Wilderness und reist mit ihnen dank deutscher Kirchenspenden durchs Land zu anderen sozialen Projekten, bei denen seine Jugendlichen sich nützlich machen und einen Beruf fürs Leben lernen können.

Ein Lebensstil, der das Land fruchtbarer macht, schöner, und der in seiner Ernsthaftigkeit von Biogasbauernhöfen und ethisch korrekten Kooperativen Zielscheibe wird für die nächste Generation angenehm respektloser Komiker.

Neue Männer braucht das Land: Angus Buchan und die Männerkonferenz

»Wo bin ich?«, fragten sich 60 000 südafrikanische Männer im April 2008 auf der Farm des schottischstämmigen Laienpredigers Angus Buchan im subtropischen Norden; Sven und unser Sohn Anton waren zwei von ihnen. (2009 kamen 200 000 Männer, und 2010 sollen es eine halbe Million werden.)

Wir fragten uns wirklich, wo wir waren. Vom lärmigen Durban waren wir über das eher nichtssagende Pietermaritzburg rund 200 Kilometer ins hügelige Inland gefahren. Im Westen lagen die atemberaubenden Drakensberge und das Königreich Lesotho und auf dem Weg zu Buchans Shalom-Farm das berühmte *Valley of the Thousand Hills,* das Tal der Tausend Hügel. Auf dem Cover einer Kurzgeschichtensammlung sitzt der schon greise Schriftsteller Alan Paton auf einem Klappstuhl mit Blick über seine Heimat, das Tal der Tausend Hügel. Eine Casio am Arm, entspannt und mit großer Brille. David Goldblatt schoss eines dieser letzten Bilder von Paton, der schon 1948 in seinem ersten und weltweit erfolgreichen

Roman »Denn sie sollen getröstet werden« vom Drama der Apartheid erzählte.

Wir selber waren hier fremd zwischen überreifen Maisfeldern und dunkelgrünem Zuckerrohr, mobilen Toiletten und einem gigantischen Zelt, das aussah wie zu einem Ritterturnier König Artus' aufgestellt.

Alan Paton war, was in diesem Land naheliegt, Christ. Weniger jemand, der von Religion überzeugen wollte, sondern vom Irren, Verzeihen und Verstehen schrieb, der absurden und komischen Schönheit des Lebens und den Abenteuern der kleinen Leute. Er war später sogar Vorsitzender der LP, der liberalen Partei, die dem Rassismus gewaltlos gegenüberstand. Ähnlich ist es mit Angus Buchan, der im erwachsen werdenden Südafrika für mehr steht als nur ein christliches Revival.

Den Liberalen ist der 60-jährige Buchan zu konservativ, den Sozialisten des ANC zu religiös und dem Kirchenestablishment zu revolutionär. Aber seine erste Männerkonferenz war wochenlang in den Schlagzeilen, denn hier bot ein einfacher Mann, der die meisten Tage seines Lebens in der Erde gegraben hatte, eine Lösung für die nationale Identitätskrise an.

Vergebung ist, was Buchan unter anderem predigt, und jeder Südafrikaner über 25 weiß, was es damit auf sich hat, weil das Land ohne Vergebung niemals den Wechsel von postkolonialem Rassistenstaat zu einer aufgeklärten Demokratie geschafft hätte.

Selbst zehn Jahre, nachdem die Wahrheitskommission ihre Arbeit abgeschlossen hat, muss sie immer noch gepredigt werden, die Vergebung.

Die jährliche Männerkonferenz ist eine gute Idee in einem Land, das immer noch sehr männerbestimmt ist. Nur dass die meisten nicht wissen, wohin. Der afrikanische Familienvater fragt sich, ob er auf seine Ahnen hören soll oder auf seinen Berufsberater. Nur wenn er einer Pfingstkirche mit animistischem Einschlag angehört, ist das kein Widerspruch. Weiße Männer dagegen suchen nach einem friedlichen Rollenvorbild zwischen Autorität und Verschuldung. Einst die Oberklasse durch Hautfarbe, sind sie jetzt eine Minderheit nah am moralischen und finanziellen Bankrott.

Eine interessante Umfrage 2008 ergab, dass entgegen den Erwartungen weniger schwarze Familien durch teure Hochzeiten, Brautgeld, undurchsichtige Ratenzahlungen und Hauskauf überschuldet sind, sondern vor allem weiße. Ähnlich wie bei den Amerikanern wurde alles auf Pump gekauft in der falschen Auffassung, dass der Weiße auch unter dem ANC in der besten aller Welten lebt, im Turbokapitalismus. Die Raten für den großen Geländewagen mit Allradantrieb, die zuhauf bei der Männerkonferenz stehen, kosten die meisten mehr als die Hälfte ihres Monatseinkommens. Zu Hause wird damit zum Angeln gefahren und vor dem Büro geparkt, aber zum Mittagessen gibt es nur Toastbrot und Margarine.

Angus Buchan, der sich selbst »weißer Zulu« nennt, spricht isiZulu wie seine eigene Sprache, aber nicht Afrikaans wie der Großteil der Männer, die bei ihm nach spiritueller Erneuerung suchen. Er hat weder Rassismus nötig noch dicke Autos, Bankkredite, kaputte Ehen oder einen großen Schnauzer. Was er fordert, ist nicht leicht zu befolgen: Versöhnung, Respekt, Verantwortung, Großzügigkeit und Hilfsbereitschaft, Abkehr von Selbstgefälligkeit, Rassismus und Weltfremdheit. Buchan hat die Größe, seine Zuhörer durch Geschichten seiner eigenen Irrtümer und Verirrungen, Nöte und Überheblichkeit zum Lachen zu bringen.

Seine Predigten füllen Rugby- und Fußballstadien, und der Witz geht um, dass die Superstadien der Weltmeisterschaft eigentlich für Veranstaltungen wie seine gebaut wurden. Für den Sport sind die Monster nach der Weltmeisterschaft zu groß. Aber Buchan kann sie füllen mit Männern, Frauen und Kindern aller Hautfarbe und Herkunft, die keinen Intellektuellen, Studierten, Firmenboss, Theologen, Clan-Chef oder Parteibonzen hören wollen, sondern einen klugen, witzigen Bauern, der sein Land mit Hilfe Gottes bearbeitet und weiß, dass es wirkt. Seine verfilmte Lebensgeschichte »Tief verwurzelt« lief monatelang in den Kinos, das Buch ist seit Erscheinen ganz oben auf der Bestsellerliste.

Was ein Bauer über sein Land sagt, ist in Südafrika von Bedeutung. Land ist wichtig, für die Armen, die von dem wenigen ihrer kleinen Felder überleben; für die Reichen, weil Wohlstand an der Ernte gemessen wird, am Schweiße des Angesichts.

Jemand wie Buchan gibt Sinn, weil er pragmatisch ist und sich nicht im Politsprech der schwarzen Elite verliert. Oder im nostalgischen Grummeln weißer Absteiger.

Auf der Männerkonferenz gab er vor, wie wir unsere Familien leiten, unsere Kinder liebevoll fördern, unsere Arbeit ehrlich tun, aus den Schulden kommen und mit echter Anerkennung füreinander leben können in einem Land verschiedenster Kulturen. Er verlangt Vergebung, die Opfer wie Täter freisetzt. Und wenn es nur die eigenen Kinder sind. Er predigt die Freiheit, auf die die Südafrikaner so lange gewartet haben. Und weil der Weg dahin so schwer war, hat die Mehrheit nichts gegen die Rückkehr zu dem Glauben, mit dem die ersten Missionare Menschen aller Herkunft zivilisierten.

Vorurteile und Aberglaube: Kollision der Kulturen

Es ist längst nicht alles so schwarz und weiß, wie man vermutet, und oft sind die Rollen schlicht vertauscht. Glaubt man, dass nur weiße Besucher die Atmosphäre der Townships suchen, täuscht man sich. Die *Sunday Times* berichtete einmal über die BURPs (*black urban professionals,* schwarze Yuppies) aus den reichen Vororten, die am Wochenende in ihre Ghettokluft steigen und in die Townships fahren, um ihren BMW Roadster oder Maserati waschen zu lassen, billiges Bier zu trinken und Heimatluft zu schnuppern.

Das Township ist kein Ort mehr, aus dem man so schnell wie möglich rauswill, sondern einer, der stark mit Identität und Solidarität verbunden ist. Lange schon stehen in Soweto nicht nur Bretterbuden, sondern auch Paläste, errichtet von denen, die es geschafft haben und stolz ihren Wurzeln treu bleiben. Die Neureichen, die *Black Diamonds,* die zu besseren Schulen und höheren Mauern in die einst rein weißen Viertel zogen, vermissen längst die gewachsene Nachbarschaft der Townships.

Ist die Apartheid immer noch schmerzhaft sichtbar, wundert man sich nicht selten, wie Schwarz und Weiß, Jung und Alt sich gleichermaßen nach den guten alten Zeiten sehnen, als die Gesundheitsversorgung besser war, das Transportsystem und die Sicherheit. Vor allem die Verlierer beschweren sich, der weiße Mittelständler, der plötzlich in eine ihm unbekannte Armut abrutscht und neben dem farbigen Penner sitzt, der darüber klagt, dass der Weiße ihn jetzt nicht mehr versorgt, sondern ihm Konkurrenz macht.

Das neue Nebeneinander ist gar nicht so einfach. Unsere Freundin Natasha, Leiterin des öffentlichen Krankenhauses, die händeringend nach qualifizierten Ärzten sucht, bekommt regelmäßig Absagen von schwarzen Ärzten, die nicht nach Hermanus ziehen wollen, weil die Ober- und Mittelschicht dort so gut wie ausschließlich weiß ist. Dort zu leben würde für sie soziale Isolation bedeuten.

Aber wie soll zusammenkommen, was zusammengehört? »Cross culture gibt es so nicht«, erklärt uns Michael, ein junger Pfarrer, der eine der wenigen Kirchen in Hermanus führt, in der alle Rassen vertreten sind. »Wenn wir von cross culture sprechen, nur weil wir ein paar schwarze Gesichter in unserer Gemeinde sitzen haben, dann ist das weit verfehlt. Seien wir ehrlich, was erwartet wird, ist, dass sich die schwarze Kultur der weißen angleicht. Wir sind tief davon überzeugt, dass unsere Kultur die richtige ist, und nichts liegt uns ferner, als uns der afrikanischen Kultur anzunähern. Erst ein ernsthafter Versuch unsererseits würde in Richtung cross culture gehen.«

Er berichtet von einer Xhosa-Familie aus seiner Gemeinde, die ihre Tochter Daneo auf die High School in der Stadt schickt, damit sie eine bessere Ausbildung bekommt. Ihre Freundinnen dort sind fast alle aus dem weißen Mittelstand. Wenn Daneo aus der Schule zurück ins Township kommt, erwarten ihre Eltern von ihr, dass sie sich wie ein afrikanisches Mädchen verhält, alle Pflichten im Haushalt verrichtet und ihre Eltern respektvoll versorgt. Daneo aber benimmt sich so wie alle ihre weißen, verwöhnten Freundinnen und besteht auf den gleichen Rechten wie diese, nämlich Taschengeld, ein eigenes Zimmer und andere Privilegien. Die Eltern können nicht verstehen, dass sie sich abrackern, um ihrer Tochter eine bessere Ausbildung zu ermöglichen und von dieser nur Undank und Respektlosigkeit erhalten, weil sie nicht realisieren, dass sich ihre Tochter an eine andere Kultur assimiliert. Ein klassischer Konflikt für die Generation Schwarzafrikaner, den es auf weißer Seite nicht gibt.

Sosehr man sich auch annähern will, die Kluft ist manchmal tiefer, als man denkt. Kolumnist Ndumiso Ngcobo beschreibt in seinen Essays, die er »Subversive Gedanken eines städtischen Zulukriegers« untertitelt, was Schwarz und Weiß wirklich trennt. Komplett unverständlich für ihn ist zum Beispiel der Spieltrieb der weißen Männer, und er wundert sich, dass er als Erwachsener im Schulungsseminar einer Werbefirma zur Förderung der Teambildung mit seinen Kollegen zum Schlammringen oder Paintballen gehen soll. Noch rätselhafter ist für ihn der Gedanke, dass man dadurch eine Leidenschaft für seinen Job entwickeln könnte, vor allem wenn es sich um das Marketing von Tomatensuppen handelt.

Noch verrückter aber sind für ihn Weiße auf Partys. Während sich seine weißen Kollegen allen Ernstes über die Wandergewohnheiten der gekräuselten Blauamsel unterhalten, die sie in einem dreistündigen Bericht im Discovery Channel verfolgt haben, flieht Ndumiso Ngcobo zu seinen schwarzen Kolleginnen, die sich zum Glück über das wahre Leben unterhalten, nämlich, dass sie gern viele Kinder vom neuen Verkehrsminister hätten.

In Südafrika kollidieren verschiedene Kulturen mit großem Spaß und blutigem Ernst. Die Verschiedenheit in diesem Land war einer der Gründe, warum wir eingewandert und geblieben sind. Hier fühlen wir uns als Exilanten zu Hause. Nach Jahrzehnten der blutigen Trennung während der Apartheid leben jetzt alle in einem Haus, und es ist ein wilder Lärm, der da aus der Küche und dem Wohnzimmer erklingt, wo jeder meint, er hätte recht, aber fasziniert die Rituale des anderen beobachtet.

Nichts hat das je mehr auf den Punkt gebracht als der südafrikanische Comic »Madam & Eve«, der weltberühmt wurde und in viele Sprachen übersetzt. »Madam & Eve« war ein Geniestreich eines Österreichers und eines Amerikaners, die sich in Kapstadt gefunden haben, wo mit dem scharfen Blick eines Außenstehenden, mit viel Liebe für ihre neue Heimat und noch mehr Humor die Idee zu diesem Comic entstand. Inzwischen fast 20 Jahre bebildern und spiegeln sie das heutige Südafrika durch die immer noch weiße Madam und die immer noch schwarze Eve. Madam ist eine ältliche Vororthausfrau mit aufgetürmtem Haar, assistiert von ihrer englischen Mutter, die nur ihren Gin und den Fernseher liebt. Eve ist die *maid,* das Dienstmädchen, die, ewig unterbezahlt, sich immer neue Einnahmequellen einfallen lässt, nie mehr als nötig arbeitet, immer dann staubsaugt, wenn Madam und Mutter ihre Lieblingssendung sehen wollen, und gern ein Nickerchen auf dem Bügelbrett hält.

Weiß und Schwarz wachsen zusammen, aber es ist

immer noch so, dass schwarzen Menschen die weiße Kultur vertrauter ist als umgekehrt. Die meisten Weißen haben keinen Schimmer von schwarzer Kultur. Dem wollte schon Zulu-Schamane Credo Mutwa 1966 mit seinem bereits erwähnten Buch »Indaba« abhelfen, in dem er die Mythen seiner Kultur niederschrieb.

Aberglaube ist immer noch stark, und Schwarzafrika mit seinem Ahnenkult und täglichem Zauber hat einen starken Einfluss auf die Gegenwart, vor allem bei den Ungebildeten und der einfachen Landbevölkerung. Ein Einbrecher, der sein Unwesen auf den Farmen des Hemel-an-Aarde-Tals bei Hermanus trieb, konnte deshalb lange nicht gefasst werden, weil er die Farmarbeiter glauben machte, er sei ein Geist. Manche sagten, sie hätten mit eigenen Augen gesehen, wie er sich in einen Hund verwandelte, und keiner wagte, ihn zu verraten, aus Angst, die Geister würden sich an ihnen rächen. Über ein Jahr ging der Trinker, Entführer, Seriendieb, Vergewaltiger und Mörder in den Dörfern und Farmsiedlungen unbehelligt ein und aus, und das, obwohl die Bauern der Gegend ein hohes Preisgeld für seine Festnahme ausgesetzt hatten. Erst ein Sondereinsatzkommando mit Hubschrauber bekam ihn zu fassen und präsentierte der Welt ein heruntergekommenes Männlein, wie man sie oft am Straßenrand schlafen sieht.

Die Angst vor Geistern ist weit verbreitet. Viele Zulus stellen ihre Betten auf Backsteine, damit die *Tokoloshe* sie nicht im Schlaf übermannen können. Tokoloshe sind Albs der Bantu-Mythen, manchmal Monster, die ganze Dörfer vernichten, dann wieder kleine, haarige, teuflische Männchen, die sich unsichtbar machen können, indem sie einen Kieselstein verschlucken. Sie sind ungeheuer stark, können von übelwollenden Menschen herbeigerufen werden und sind nur von denen zu sehen, denen sie schaden sollen. Wer jedoch einen gesehen hat, darf nie, nie, nie davon erzählen. Es heißt, sie vergewaltigen Frauen oder beißen dem Schlafenden nachts die Zehen ab. Nur ein Sangoma kann sie entfernen.

Zauberdoktoren findet man überall. Sogar mitten in weißen Dörfern. In Hermanus gab es einen Doktor Rama, der Heilung nicht nur für Krankheiten aller Art auf einem kleinen Handzettel versprach, sondern auch Hilfe bei Eifersucht, untreuen Ehepartnern, Geldmangel, Impotenz, kurz allen Widrigkeiten, die das Leben zu bieten hat. Seine Praxis war ein kleines Häuschen im Ortszentrum, vor dem immer jede Menge Patienten warteten. Dr. Rama fand ein tragisches Ende und machte Schlagzeilen, weil ein unzufriedener Kunde ihn kurzerhand abstach. Das Haus mit den blutbespritzten Wänden stand lange Zeit leer, bis es für ein Einkaufszentrum niedergewalzt wurde. In der Zeitung stand, Dr. Rama habe dem Kunden ein großes Vermögen von dessen verstorbenen Ahnen versprochen. Um dieses Vermögen zu materialisieren, musste erst einmal eine beträchtliche Summe auf Dr. Ramas Konto überwiesen werden, damit die Ahnen sehen konnten, dass man sie ernst nahm. Als das Ahnengeld nicht eintreffen wollte, stach der Geprellte zu, bevor der Doktor sich aus dem Staub machen konnte.

Manchmal wird in den afrikanischen Geisterglauben von weißer Seite mehr reininterpretiert, als da tatsächlich ist. Sarah ist eine studierte Südafrikanerin aus Johannesburg, die sich eine schwarzafrikanische Welt ohne Magie nicht vorstellen kann. In ihrer Kindheit baten die Hausangestellten sie jedes Jahr, ob sie eine Flasche Meerwasser von ihrem Sommerurlaub am Strand mitbringen könne. Sie war keine Ausnahme. Noch heute ist eine Flasche Meerwasser ein beliebtes Mitbringsel für die Angestellten zu Hause. Sarah hält den Grund dafür für ein gut gehütetes Geheimnis der schwarzen Stammeskultur. Sie vermutet ein Ritual, einen Zauber, der nur ohne Wissen der Weißen vollzogen werden kann. Niemand, sagt sie, sei je bereit gewesen, ihr auf diese Frage eine klare Antwort zu geben. Uns schon. Pinky erklärt, dass ihre Oma damit kotzte. Meerwasser reinigt den Magen. Und ein Löffel davon jeden Tag ist gesund. Ohne jeden Zauberspruch.

Ein anderes Mysterium, über das sich auch die Cartoonserie »Madam & Eve« lustig machte, ist, dass schwarze Frauen sich sehr laut unterhalten. Eve und die Köchin des Nachbarn ratschen im Garten so laut, dass das ganze Viertel sie hört. Zur Rede gestellt, erwidert Eve ihrer entnervten Madam, dass das laute Gespräch Ausdruck ihrer fröhlichen Stammeskultur sei. Ein Bild später macht sie sich leise mit der Köchin darüber lustig, dass sie nur so schreien, um ihren weißen Arbeitgebern auf die Nerven zu gehen. Die Wahrheit liegt wie so oft dazwischen. In der Kultur der Xhosa reden die Frauen laut miteinander, damit sie das ganze Dorf hört und sie nicht später verdächtigt werden, über jemanden gelästert zu haben.

Es ist noch ein weiter Weg zwischen Schwarz und Weiß. Es gibt viele Vorurteile auf beiden Seiten, und das Klügste ist, sie einfach zu vergessen. Oder man widerlegt sie mit großer Leidenschaft, wie kürzlich ein schwarzer Geschäftsmann aus Johannesburg. Sein Leben lang musste er sich anhören, dass Schwarze schlechte Schwimmer seien. Tatsächlich war auch er kein guter Schwimmer, er war sogar ein ausgesprochen schlechter. In einem Pool begann er zu üben, und nur Monate später schwamm er seine ersten 1000 Meter in der Camps Bay vor Kapstadt. Er hätte beinahe aufgegeben. Das Meer auf der Atlantikseite hat durchschnittlich nur elf Grad.

Einige Wochen später bezwang er im Winter die berühmte Strecke von der Gefängnisinsel Robben Island zum Festland. Siebeneinhalb eisige Kilometer Meer voller Haie. Offiziell der erste Schwarze. Und ein Vorurteil weniger.

Fast alle Vorurteile beruhen auf einem tiefen Nichtverstehen, und nicht selten werden sie von der betroffenen Seite auch noch unterstützt. Der calvinistisch geprägte Weiße vergräbt sich in seiner Arbeit, selbst wenn er lieber den ganzen Tag in der Hängematte liegen würde. Und so mancher städtische Xhosa oder Zulu versteht das Wort *lazy* (faul) als Auszeichnung und wendet so jeden Erwartungsdruck von sich ab.

Wahrheit ist, dass nicht alle Arbeit ein Vergnügen ist, darum gibt es etliche kluge wie dumme Menschen auf der Welt, die keinen Finger rühren. In Südafrika ist der Tageslohn eines Arbeiters mit fünf bis zwölf Euro so gering, dass kein Enthusiasmus aufkommt, was den Unternehmer verwundert, der – gerade wegen der niedrigen Löhne – bestens verdient.

Man muss auch verstehen, dass in manchen Kulturen Arbeit reine Frauensache ist. Zum Nutzen der Männer. Warum manche schwarze Männer glauben, dass Frauen hart arbeiten müssen, erklärte mir mein Freund Michael: Der Zulu-Häuptling einer Gegend nördlich von Durban war ein moderner Mann und wollte seinen Leuten fließend Wasser und Strom bringen, gegen den Widerstand der Ältesten. Die sahen darin nur eine Gefahr. Jeden Tag mussten die Frauen des Dorfes den weiten Weg zum Fluss zum Waschen und Wasserholen gehen, außerdem den

Mais zu Mehl zerstösseln, kochen, Kinder versorgen usw. Mit Strom und fließendem Wasser, befürchteten die Ältesten, hätten ihre Frauen plötzlich genug Zeit, um fremdzugehen. So wie sie selbst.

Doch Vorurteile oder gar Aversionen bestehen nicht nur zwischen Schwarz und Weiß. Bis vor wenigen Jahren noch war der kulturelle Graben zwischen Afrikaanern und Engländern tief. Heute noch trifft man Buren, die den Rotröcken die Burenkriege vor einem Jahrhundert übel nehmen, aber längst finden sich von beiden Einwandererkulturen Mitglieder in jeder Familie. Der englische Großvater wird genauso geliebt wie die Burentante, und wenn ein Elternteil Afrikaans spricht, tut es meist die ganze Familie. Es ist einfach die herzlichere Sprache.

Gastfreundschaft und derbe Flüche: Die Buren

Wer zum ersten Mal nach Südafrika kommt, muss unbedingt und sofort jedes Vorurteil gegenüber Buren und ihrer Kultur ablegen. Unser entfernter Geschichtsblick hat die Apartheid mit der Kultur der Afrikaaner gleichgesetzt, und mit demselben Vorurteil der damals regierenden Rassisten sehen wir als Europäer die Buren oft als Bösewichte. Eine so schlichte Auffassung hat schon manche Reisende völlig blind gegenüber dem Reichtum der südafrikanischen Kulturen gemacht und sie ahnungslos wieder abreisen lassen.

Die Wahrheit ist, man trifft immer wieder auf Rassisten jeder Hautfarbe, auf Ewiggestrige und Spinner, die heute nur noch belächelt werden, doch die meisten Südafrikaner lieben ihre Vielseitigkeit, weil sie sich wie wir Besucher der Vorteile aller Kulturen bedienen können. Der schmalbrüstige, weiße Vorstadtjunge kann ein Xhosa-Medizinmann werden, der Zulu, der vom Dorf nach Kapstadt kam, kann auf Afrikaans in einer Band rappen, und der Deutsche, der, seiner Natur folgend, immer das Weite sucht, darf wie ein Buschmann bei den San leben.

Wir überlegen manchmal, ob wir uns nicht für Freunde und Besucher Kostüme zulegen sollen, um südafrikanischer auszusehen. Wegen unserer hellen Hautfarbe eignen wir uns wenig für die kanariengelben Hemden und überhaupt bunten Kleider vieler schwarzer Südafrikaner. Uns fehlt auch die Wucht afrikanischer Mamas und die Lässigkeit, mit der junge Zulu durchs Dorf schlendern. Uns hat es eher der Kleidungsstil der Buren angetan.

Bei einem Sportfest auf dem Land fanden wir eines der besten männlichen Vorbilder. Der Vater zweier kleiner Kinder trug einen weißen Cowboyhut, einen blonden Vollbart, der kurz gehalten war, Burenhemd mit abgesetzten Brusttaschen, die Ärmel hochgerollt, sehr, sehr kurze und knappe Jeans, haarige Beine und schön dicke Wollsocken in festen Lederschuhen. Dazu rauchte er Pfeife. Ob er den für Buren obligatorischen Kamm in den Socken trug, konnten wir nicht sehen, aber er bleibt bis heute unser Held. Auf weiblicher Seite könnte man zwischen rosa oder gelben Rüschenkostümen wählen, wie sie unsere Freundin Maryna trägt. Dazu sollte man aber älter sein und so resolut und respektabel, wie es von einer unantastbaren Buren-Tannie erwartet wird. Afrikaaner-Frauen kleiden sich sonst weniger typisch, aber durchaus gut und selbstbewusst. Eine Bekannte treffen wir am Dorfsupermarkt oft in Männerkleidung, Hemd, kurzen Hosen und Stiefeln, von denen die Erdklumpen bröseln.

Erste Begegnungen mit Afrikaanern können frustrierend sein, wenn man ihren Humor nicht versteht. Wirklichen Einblick in die Afrikaanerkultur gaben uns erst unsere Freunde Andries und Coia, mit denen jeder alberne Vorbehalt gegenüber Buren verschwand. Ihre Kinder heißen Johan und Cecilia, wie schon die Großeltern, Onkel und Tanten. Geht man auf den kleinen Friedhof auf der Milchfarm, die sie betreiben, entdeckt man immer wieder dieselben Namen: Izak, Anna, Helena, Cornelia, Andries, Johan, Urbanus. Sogar die angeheirateten Frauen haben Namen, die schon vor Generationen in der Familie waren. Dass Andries' Familie nicht von Holländern oder Deutschen abstammt, sondern von protestantischen Flüchtlingen aus Frankreich, also Hugenotten, macht keinen Unterschied in der Afrikaanerkultur. Es wird immer viel und gut gegessen, und nichts ist ihnen heilig, über alles wird gescherzt, und das, obwohl Andries in der Gegend der »heilige Andries« genannt wird, im Unterschied zum »betrunkenen Andries« zwei Höfe weiter.

Es ist nicht schwer, zu einem Essen oder Fest eingeladen zu werden, wenn man sich nur ein wenig selbst einzuladen weiß. Ein Erbe dieser Gastfreundlichkeit sind die Farmstalls. Hat man allerdings Pech, landet man in einem Franchise, der italienischen Nougat verkauft und aus China importierte afrikanische Stoffe, wie wir einmal im sonst unerwartet bezaubernden Städtchen Clarens in der atemberaubenden Berglandschaft des Golden Gate Parks nördlich von Lesotho. Zwischen all den Galerien und Lädchen, für die die Johannesburger so weit ins Idyll fahren, fanden wir dann doch noch eine gute Mahlzeit. Die Idee einer südafrikanischen Reise bleibt immer die gleiche: vor, während und nach einer langen Fahrt einen großen Kaffee trinken und gemeinsam an einem Feuer essen.

Das ist im Wesentlichen, was wir einmal auf einer zweitägigen Fahrt mit unserem Freund Andries entlang der Garden Route und rund um Lesotho gemacht haben: Essen. Andries Gespür dafür, wo es den besten Kaffee und das leckerste Essen gab, ist untrüglich. Und was für eine Reise durch ein so wunderbares Land wäre es, wenn man die Delikatessen am Wegrand ausließe? Wir kamen auf mindestens acht Mahlzeiten am Tag, was viel Zeit kostete, die wir durch zügigeres Fahren wieder hereinholten. Dazu muss gesagt werden, dass unser Freund Andries schon zweimal beim Ironman dabei war und noch häufiger den Comrades gelaufen ist, den legendären Doppelmarathon durch KwaZulu-Natal. Er ist ein ausgezeichneter Sportler, aber eigentlich nur, um davor und danach und auch währenddessen so richtig viel und gut essen zu können.

Die Weltfremdheit der letzten Jahrhunderte haben die Buren, die sich erst spät Afrikaaner nannten, inzwischen überwunden, dabei viel von der Bodenständigkeit des einstigen Europa bewahrt. Darum sind Afrikaaner meist beste Gesellschaft, hilfreich und freundlich, lustig – und stur. Ihre Störrischkeit und ihr Eigensinn haben in den ersten Burenrepubliken viel Ärger eingebracht. Einigkeit war lange ein Problem, vor allem gegen die kolonialistischen Engländer.

Nicht so aufgeräumt zu sein wie die Briten hat aber auch Vorzüge. Afrikaaner besprechen alles gern im Übermaß, feilschen gnadenlos untereinander und wagen lieber ein Tänzchen, als von morgens bis abends vernünftig zu sein.

Die ganze Bandbreite des Afrikaanertums erfährt man erst, wenn man in die Hochburgen der Buren kommt. Das Weingebiet um Kapstadt zählt dazu, vor allem neben dem eher zwanghaft frankophonen Franschhoek die Universitätsstadt Stellenbosch keine Stunde von Kapstadt entfernt. Tausende von Studenten beleben die kleine, schöne Stadt, die dadurch angenehm international ist. Im Lernen und Trinken sind hier wirklich alle Hautfarben gleichberechtigt, und viele Studenten kommen deswegen aus aller Welt hierher, obwohl Afrikaans als Sprache vorherrscht.

Sehr burisch sind auch noch die Hauptstädte der ehemaligen Republiken, Bloemfontein zum Beispiel. Eine flache Stadt im platten Land des Free State, zwischen Kapstadt und Johannesburg gelegen und Zwischenstopp für viele, die ins zwei Stunden entfernt gelegene Bergkönigreich Lesotho reisen. Bloemfontein hat seinen eigenen provinziellen Charme, aber wenn man seine Braut in Panik versetzen will, muss man ihr nur sagen, die Hochzeitsreise gehe nach Bloem.

Eher schon entführt der Afrikaaner seine Braut nach Graaff-Reinet, einer ehemals burischen Trutzburg inmitten der Karoo und dem wunderlich fruchtbaren Valley of Desolation. Was dem Engländer sein Grahamstown, ist dem Afrikaaner sein Graaff-Reinet, und der hat noch das verrückt schöne Owl House der Helen Martins im benachbarten Nieu-Bethesda zum Bestaunen.

Pretoria, Südafrikas Hauptstadt, eine Stunde von Johannesburg zwischen grünen Hügeln gelegen, ist die andere ehemalige Frontstadt der Buren. Im Gegensatz zum kreativen Chaos der etwas lieblosen Minenstadt Johannesburg ist Pretoria eine schachbrettartig angelegte Stadt voller Alleen. Gemächlich und angenehm und voller burischer und schwarzer Regierungsbeamter.

Aus Pretoria stammen auch unsere ehemaligen Nachbarn, deren Lebensgeschichte wieder ein Buch wert ist. Die Van der Merwes sind fröhliche und laute Proleten, die für die Großzügigkeit der Afrikaaner stehen, für den latenten Rassismus, Spaß am Wochenende und den Machtverlust der einstigen Herrscher. Viele Buren, die früher immer sozial abgesichert waren, rutschen heute ins sogenannte Prekariat ab. Die Van der Merwes stehen auch für die Ahnungslosigkeit der Welt gegenüber. Sie kennen nur das untere Ende Afrikas. Aber immer wenn ich einen deutschen Anflug von schlechter Laune bekam, ging ich kurz rüber und sah den Sohn seinen alten Ford auftunen, hörte der Schlagermusik zu, streichelte den bissigen Hund und war willkommen. Mit den Van der Merwes kann man Stunden an der Wohnzimmerbar sitzen, Brandy mit Cola trinken, Kette rauchen und der Familiengeschichte lauschen. Uys, der Vater, diente in der Armee und hat sich im Angolakrieg in den 1980ern wie viele andere einen seelischen Schaden geholt.

Ein Bure flucht, dass die Wände wackeln. Und es sind derbe Flüche. Die Van der Merwes sind Meister darin. Nicht nur die Geschichten von der Front, sondern eigentlich alles wird mit Flüchen überwürzt. Von dem ständigen *Fok, Fok, Fok* abgesehen, das einfach zu allem passt und wie das englische Original die ursprüngliche Bedeutung verloren hat, bedienen sie sich der Ausdrücke, für die das Afrikaans so bekannt ist. »Hau ab!« wird zum groben » *Vlieg in jou moer in!*« (Flieg in deine Mutter rein respektive zurück) und »Idiot« zu *»Jou verdomde bliksem«* (Du verdammter Blitz).

Manchmal hört man Afrikaaner auch überhaupt nicht fluchen, was oft an ihrem fest verwurzelten Glauben liegt. Ein Freund, dem ich wie vielen anderen gern zuhöre, wenn er seine unnachahmliche Rumpelsprache redet, ist praktizierender Christ, kein Sonntagskirchgänger. Darum war es ihm auch sehr ernst, als er sich als junger Mann zu Jesus bekannte. Er gab sofort das Rauchen auf, das Trinken, das Schummeln und Reinlegen, die religiöse Augenwischerei und jede Form von Diskriminierung, er erzählte nicht einmal mehr schmutzige Witze. Was er allerdings jahrelang nicht loswurde, war das Fluchen. Schon als Junge, wenn er sich langweilte, droschen er und seine Brüder mit Stöcken auf eine Blechkiste hinter der Scheune ein und fluchten dabei derb und ausgiebig und wortreich, also ganz von Herzen.

Das Fluchen gehörte zu seinem Burenleben wie sein dichter Schnauzer. Es lag ihm einfach im Blut.

Wer hat Angst vorm schwarzen Mann? Verbrechen und Wahrheit

Wenn uns Leute fragen, ob es nicht zu gefährlich sei, in Südafrika zu leben, erzählen wir von unserer Freundin Olga, der jungen Anwältin aus Kapstadt. Olga lebt in einem Apartment in Seapoint ohne die üblichen Rund-um-die-Uhr-Wachleute am Eingang. Von ihrem Wohnzimmer sieht sie auf die gigantische Baustelle des Green-Point-Stadions, dessen nackte Betonträger in den Himmel ragen. Ihr Einkaufsweg führt sie vorbei an Prostituierten, die sie gern mal zu einem Kaffee einlädt, und Drogendealern, die sie beim Namen kennt. Sie joggt nach der Arbeit an der Promenade, selbst wenn es bereits dunkel ist. Sie sagt, das lässt sie sich nicht nehmen, und ich führe sie immer stolz als jemanden vor, der sich nicht von der Angst vor Verbrechen terrorisieren lässt.

Neulich wurde Olga ge-*smash 'n' grabbed*. Ein stehender Ausdruck für eine recht häufige Form von Verbrechen. Sie fuhr im zäh fließenden Verkehr in ihrem kleinen Auto durch Woodstock, einem Viertel zwischen Tafelberg und Frachthafen, beliebt bei Künstlern und Studenten und zu vergleichen mit New Yorks Alphabet City in den 1980ern, träumte vor sich hin und hörte Musik, als ein Knall sie aufschreckte und ihr gesplittertes Glas um die Ohren flog. Jemand hatte das Beifahrerfenster eingeschlagen und ihre auf dem Beifahrersitz liegende Handtasche gestohlen. Der Räuber hatte Glück. Sie hatte gerade Geld abgehoben, um ein Sofa zu kaufen.

Olga verbrachte drei Stunden im Trauma-Raum der Polizei, einer kleinen Holzbaracke, in beruhigendem Grün gestrichen und eingerichtet. Sie sagt, das Schockierende war, dass ihr niemand geholfen hat. Die Straße war voll mit Autos und Leuten, nicht einer kam auf sie zu und fragte, ob sie in Ordnung sei oder Hilfe brauche. Nur ein Taxifahrer wies sie im Vorbeifahren darauf hin, dass die Polizeistelle gleich um die Ecke sei.

Als sie Wochen später mit ihrem Arbeitskollegen durch dieselbe Straße fuhr und ihren Überfall erwähnte, sagte er entsetzt, dass er als Frau nie durch diese Straße fahren würde. Frauen allein im Auto seien beliebte Opfer für diese Form von Verbrechen. Vor allem auf dieser Straße. Er war in Woodstock aufgewachsen, wo, wie oft in Südafrika, arm und wohlhabend aufeinanderprallen. Handtaschen auf dem Beifahrersitz wirken da wie Lammkeulen auf hungrige Löwen.

Vor allem weiße Südafrikaner reden gern über Verbrechen. Es ist eine Tatsache, die sich nicht leugnen lässt: Statistisch liegt Südafrika mit Mord, Raub und Vergewaltigung weltweit vorn. Jeder kennt eine Geschichte von jemandem, dem irgendwelche schrecklichen Dinge in diesem Land widerfahren sind. Wenn er sie nicht selbst erlebt hat.

Die Südafrikaner haben sehr unterschiedliche Arten,

mit dieser Tatsache umzugehen. Manche verlassen ihre Heimat in Richtung Australien, Kanada oder England, weil sie sich bedroht fühlen und mit der hohen Kriminalität nach dem Ende der Apartheid nicht leben wollen. Nicht immer zu ihrem Vorteil. Ein Farmer aus der Nachbarschaft, der in seinem ganzen Leben in Südafrika nie Opfer eines Verbrechens geworden war, wurde zwei Tage nach seiner Auswanderung im sturzlangweiligen Neuseeland in seinem eigenen Haus ausgeraubt. Manche dieser Auswanderer kommen auch enttäuscht zurück, weil so gar keine Abenteuer in Perth, Vancouver oder Nottingham zu erleben sind.

Andere leben hinter elektrischen Zäunen und Stahlgittertüren. Dabei kann niemand den Reichen helfen, wenn sie in ihren Burgen bedroht werden, weil keiner es sieht. Gedanklich noch in der Apartheid, rüsten sie auf, um wie die Trekburen damals siegreich die Invasion der Verbrecher abzuschmettern, und werden doch gerade deswegen Opfer, weil sie ihren Nachbarn nicht trauen.

Die Angst ist ein Geschäft, ebenso wie die Kriminalität. Das eine scheint das andere zu bedingen, und beides führt zu einem für uns oft seltsam anmutenden Lebensstil. Als wir mit dem Leiter des Goethe-Instituts in Johannesburg unterwegs waren, setzten wir seine Frau zu Hause ab. Wir warteten, bis das schwere automatische Garagentor sich hinter ihr schloss, und kurz darauf rief er sie an, um sich zu versichern, dass sie auch sicher im Haus angekommen war und ihr kein Bösewicht aufgelauert hatte. Das war am helllichten Tag und seine Vorsicht ganz typisch für diese Stadt.

Und wieder andere lassen ihr Auto mit offenen Fenstern, schlafendem Kind auf dem Beifahrersitz und Zündschlüssel im Schloss auf der Straße stehen, während sie schnell in den Shop springen, um eine Flasche Wein zu kaufen.

Die Haltung ist entscheidend in einem Land, in dem Vorurteile immer noch stark sind. Robert und Margret wurden bereits drei Autos von ihrem Grundstück in Pinelands, einer Gartenvorstadt bei Kapstadt, gestohlen. Zweimal wurde in ihr Ferienhaus in Hermanus eingebrochen, aber Robert weigert sich, eine Alarmanlage einzubauen in das Haus, das er mit eigenen Händen nach dem Vorbild einer Fischerkate am alten Hafen gebaut hat. Er sagt, wenn es so weit kommt, dass er eine Alarmanlage in sein Ferienhaus bauen muss, dann will er keines mehr haben. Eine ungewöhnliche Haltung in einem Land, das weltweit führend in Alarmsystemen ist, aber einige Südafrikaner denken so. Sie lassen sich nicht auf die Angst ein. Die Einbrecher in Robert und Margrets Haus klauten am Ende auch nur, was man in jedem Trödlerladen für zehn Euro erstehen könnte.

Das südafrikanische Leben besteht aus ständiger Aufmerksamkeit, gepaart mit viel Optimismus und einem heftigen Glauben an das Gute im Menschen und im Leben. Unsere Freundin Olga hat diesen Optimismus, aber sie hat für einen Moment geträumt. Sie weiß, dass man seine Handtasche nicht sichtbar neben sich auf dem Sitz liegen lässt und die Türen verriegelt (was in diesem Fall aber auch nichts genützt hätte).

Praktische Verhaltenregeln sind, Türen und Fenster im Auto verschlossen zu halten, in den Innenstädten erhöhte Aufmerksamkeit bei langsamem Verkehr oder an roten Ampeln. Keine Taschen oder Wertgegenstände sichtbar herumliegen lassen. Weder im fahrenden noch im geparkten Auto. Als Fußgänger verlassene Gegenden meiden.

Vor allem nachts das Auto nicht in abgelegenen Straßen parken. Am besten jede Form von Schmuck oder Handtasche weglassen, wenn man zu Fuß herumläuft. Sich am Geldautomaten nicht ansprechen oder helfen lassen und auf keinen Fall die Karte aus der Hand geben. Das sind Sicherheitsvorkehrungen, die man ebenso in Neapel treffen muss, in Washington oder Djakarta.

Der Erschreckende in Südafrika ist die Gewaltbereitschaft. Ein Leben zählt nicht viel. Deshalb ist es wenig schlau, sogar lebensgefährlich, sein Eigentum zu verteidigen, wenn man mit einem Messer oder auch nur einem Schraubenzieher bedroht wird. Eine bereitwillige Übergabe von allen Wertgegenständen, die man bei sich trägt, ist angebracht. Man sollte deshalb nur mit sich herumtragen, was man entbehren kann. Und genug, um einen eventuellen Räuber nicht zu verärgern.

Die gute Nachricht ist, dass die Verbrechensrate seit Jahren stark sinkt. Und auch das stereotype Bild des Verbrechers ändert sich. Eine Kapstädter Freundin erzählte, wie sie den Einbruch im Haus gegenüber beobachtete, während sie auf die Polizei wartete. Schwarz vermummte Gestalten waren über das Dach ins Haus gestiegen und hatten Stereoanlage, Fernseher und andere elektronische Geräte herausgetragen. Das hatte sie nicht weiter erstaunt. Was sie sehr wohl überraschte, war, dass sich die Verbrecher als eine Bande weißer Vorstadtjugendlicher herausstellten, die sich auf Einbrüche spezialisiert hatte. Weiße Einbrecher sind etwas, das man bisher nicht kannte.

Touristen sind in diesem Land nicht mehr gefährdet als anderswo, denn der Großteil der (Gewalt-)Verbrechen findet in den Townships statt, weswegen geraten wird, dort nicht auf eigene Faust herumzuspazieren. Was aber nicht heißt, dass die Townships Verbrecherhöhlen sind. Wer sich auf einer geführten Tour dorthin begibt, wird beeindruckt sein von der Fröhlichkeit und Herzlichkeit der Bewohner. Nicht erdrückender Armut, sondern einem lebendigen bunten Leben wird man dort begegnen, eine Erfahrung, die man unbedingt machen sollte, um einen Eindruck von der schwarzafrikanischen Kultur zu gewinnen und etliche Vorurteile zu überwinden.

Das Verbrechen ist für die Menschen dort leider eine überwältigende Realität. Messerstechereien sind die Regel, aus verletzter Ehre oder aus Rache, meist angetrunken und unter Familienmitgliedern, und so passiert es, dass einer beim Streit um einen Barstuhl sein Leben lässt. Oder der Schwiegervater wird kurzerhand abgestochen, weil er nervt. Ein befreundeter Arzt an Südafrikas größtem Krankenhaus, dem Tygerberg Hospital in Kapstadt, weiß die absurdesten Geschichten zu erzählen. Ein Brotmesser quer durch den Kopf, das Opfer munter mit den anderen Patienten plaudernd. Oder ein Mann mit einem großen Küchenmesser im Rücken, das sicher entfernt wird, aber nach der Operation von einem anderen Mann eingefordert wird. Der hatte den weiten Weg in die Notaufnahme nur gemacht, um sein Arbeitswerkzeug abzuholen.

Richtig schwer bewaffnet ist man dagegen in afrikanischen Stammesfehden. Der Bürgerkrieg zwischen Buren und ANC-Guerilla hat dem Frieden viele Waffen vererbt. Das russische Maschinengewehr, die AK 47, ist beliebt bei den Taxikriegen. Die Organisationen, die hinter dem landesweit einzig effektiven Transportsystem stehen, den Sammeltaxis, haben häufig mafiöse Strukturen. Im verschlafenen Walstädtchen Hermanus brach vor ein paar Jahren ein Krieg aus zwischen der örtlichen und amtlich eingesetzten Taxiorganisation und einem Unternehmen aus der über 1000 Kilometer entfernten Transkei. Hermanus mit seinem Township Zwelihle ist kein großes Geschäft für Sammeltaxis, aber wochenlang lebte man in Angst. Rivalisierende Fahrer wurden ermordet und Unschuldige am Taxistand niedergemäht. Die Polizei war machtlos.

Am häufigsten aber ist, neben Geld, Eifersucht das Motiv. Unsere Freundin Natasha, die Krankenhausleiterin, erzählt von Männern und Frauen mit Stichwunden am ganzen Körper, die allerdings nicht besonders tief sind. Dem untreuen Partner wird ein Denkzettel verpasst, indem das Messer an der Spitze gehalten wird, sodass es nicht tief eindringen und keine größeren Verletzungen verursachen kann, eher kleine, schmerzhafte »Punktierungen«. Frauen rächen sich an untreuen oder gewalttätigen Männern auch, indem sie deren Hände oder gar Gesicht im Schlaf mit kochendem Wasser überschütten.

Da die Gefängnisse überquellen, plädieren viele dafür, die Prügelstrafe für kleinere Vergehen wie Raub und Diebstahl wieder einzuführen. Tatsächlich hat diese Strafe ihren Ursprung in den afrikanischen Kulturen. Michael, der viele Jahre in einem Zulu-Dorf lebte, erzählte eine Geschichte der effektiven Selbstjustiz. Er hatte damals ein kleines Bauunternehmen, in dem er eine Gruppe junger Männer beschäftigte. Eines Tages fehlten Werkzeuge, eine Schubkarre und einige Säcke Zement. Auch einer der Arbeiter war nicht erschienen. Es war eindeutig, wer das Zeug gestohlen hatte. Die Männer sagten zu Michael: »Lass uns das machen.« Sie suchten den Mann auf, fragten freundlich nach den verbliebenen Sachen mit der

Bitte, sie zurückzugeben, dann würde auch nichts passieren. Der Dieb stritt heftig ab. Die Männer zogen im Dorf Erkundigungen ein und hatten bald genug Information über den Verbleib der Dinge. Sie kamen noch zwei Mal mit der freundlichen Forderung, und jedes Mal bestritt der Dieb alles. Beim dritten Mal packten sie den Mann, fesselten ihn an den Händen, zogen ihn nackt aus, hängten ihn an einen Baum und schlugen ihn mit Stöcken, bis die Haut in Fetzen hing. Als Michael eingreifen wollte, sagten sie: »Keine Sorge, wir lassen ihn am Leben.«

Monate später begegnete Michael dem Mann auf der Straße. Er humpelte und hatte Narben im Gesicht. Er erkannte Michael schon von Weitem und kam strahlend auf ihn zu, begrüßte ihn mit ehrlicher Freude wie einen lang vermissten Freund und meinte fröhlich: »Das war was, oder? Respekt, da habt ihr mich echt erwischt«, und fragte, ob Michael nicht wieder Arbeit für ihn habe.

Nicht ganz so gut kommen die Verbrecher in den Townships davon. Nach Jahren der Frustration über das ineffektive Polizeisystem werden immer mehr Fälle von Selbstjustiz gemeldet. Ein Handydieb von 16 Jahren, der einem alten Mann sein Telefon entrissen hat, wird am nächsten Tag von der Nachbarschaft gesteinigt. Vergewaltiger, Mörder und Diebe müssen damit rechnen, ohne jede Verhandlung bestraft zu werden. Das klingt gut in einem Land, in dem kaum ein Verbrecher das Gefängnis fürchtet, hat aber den Nachteil, dass nicht nur Unschuldige dran glauben können, sondern auch die Justiz machtlos wird. Und schnell kann der Bestrafte von der eigenen Familie gerächt werden. Auf der anderen Seite ging das Verbrechen in den Townships dadurch drastisch zurück, und inzwischen lebt man sicherer in Khayelitsha als im reichen Vorort Constantia.

Es scheint eine geradezu friedliche Übereinkunft zu geben über den Einsatz von körperlicher Gewalt zur Erstellung von Recht und Ordnung. Der Kolumnist Ndumiso Ngcobo beschreibt die berüchtigte Gewaltbereitschaft seiner Zulu-Brüder als Pragmatismus. Oder einen unstillbaren Durst nach Ordnung. Gibt es einen Zweifel darüber, wer im Recht ist, wird das mit den Fäusten ausgehandelt, mit Stöcken, Messern oder was auch immer. So wird die Rangordnung hergestellt. Derjenige, der beim letzten Kampf unterlegen war, wird in Erinnerung daran bei der nächsten Auseinandersetzung klein beigeben. Oder von den anderen daran erinnert werden: »Hat Umzwiwe dich letztes Mal nicht so gewürgt, bis du gefurzt hast?« So ist die Ordnung etabliert, und Ruhe kehrt ein.

Ngcobo nennt junge Männer, die Ärger machen, Männer, die noch nicht genug geblutet haben. Das böse Blut muss abgelassen werden, denn erst eine angemessene Menge vergossenen Blutes macht einen Mann zu einem Mann, der Respekt zeigen kann, falsch von richtig unterscheiden, und der weiß, wo sein Platz ist.

Gayton McKenzie, ein geläuterter Gangster, beschreibt, wie er als junger Mann ins Gefängnis kam. Er weiß, er hat nicht lange Zeit, um seine Stärke zu etablieren und nicht Opfer der üblichen Massenvergewaltigung zu werden. Er fragt die anderen Gefangenen, wer der gefürchtetste Mann im Gefängnis sei, und alle deuten auf einen Riesen, der in der Ecke sitzt und Karten spielt. McKenzie geht auf ihn zu, kickt den überraschten Mann von seinem Sitz und schlägt ihn zu Klump.

McKenzie wird zur Strafe in Einzelhaft gesteckt, und als er wieder herauskommt, hat er einen so gefürchteten Ruf, dass keiner ihm in die Augen zu blicken wagt. Wilde

Gerüchte über ihn kursieren, das wüsteste: dass er einem Mann bei lebendigem Leib das Herz herausgerissen und es gegessen habe. Der Gefangene, den er verprügelt hatte, entschuldigt sich bei McKenzie, dieser nimmt die Entschuldigung großmütig an und bietet ihm an, der zweite unter ihm zu sein. »Ich kümmere mich um jeden, der dir Ärger machen will. Du tust das Gleiche für mich.« Ordnung etabliert.

Die Geschichte von McKenzie wäre nicht so erwähnenswert, hätte sein Mut nicht dazu geführt, dass der korrupte Strafvollzug medienwirksam aufgedeckt wurde.

Überhaupt ist seine Lebensgeschichte exemplarisch für Südafrika. Als Sohn einer Sotho und eines Xhosa, mit einem irischen Großvater und einer japanischen Urgroßmutter, ist seine Stammesidentität längst verwischt. Er ist bestenfalls Südafrikaner, wie viele seiner Landsleute.

Der hervorragende Sportler wird durch den internationalen Boykott Südafrikas während der Apartheid ausgebremst. Er wird beim ANC im Untergrund aktiv, wendet sich jedoch bald wieder ab, als ihm klar wird, wie sich Staatsterror und Gegenterror gegenseitig zermürben. Er beginnt eine Karriere als Gangster, der nächstliegende Weg zum Aufstieg für einen klugen und ambitionierten jungen Mann seiner Herkunft, der sich nicht mit einem unterbezahlten Job, wie ihn sein Vater ein Leben lang verrichtet hat, zufriedengeben will. Er wird ein Gentleman-Gangster, Beschützer der Waisen und Witwen, raubt mit seiner Gang nur weiße Geschäfte aus und vermeidet, seine Opfer zu verletzen. Er hält sich für einen Robin Hood, bis er die unbarmherzige Realität der Gefängnisse kennenlernt. Er begreift, dass Ungerechtigkeit, Gewalt und Leiden über die Rassengrenzen hinausreichen. Unter Lebensgefahr gelingt es ihm und einigen Komplizen, mithilfe eingeschmuggelter Kameras den Drogenhandel und die Korruption im Gefängnis an die Öffentlichkeit zu bringen. Heute reist er mit seinem Buch »The Choice« durchs Land und ermutigt Kinder und Jugendliche, sich gar nicht erst in den Kreislauf von Drogen und Gewalt zu begeben.

Eine andere Erklärung für Verbrechen als Ngcobo lieferte 2008 der im australischen Exil lebende Literaturnobelpreisträger J. M. Coetzee: Der Xhosa-Mann war traditionell ein Krieger, Jäger und Viehbesitzer. Sein Ansehen und Reichtum waren darin bemessen, wie viele Rinder er besaß. Sie waren die Währung für den Brautpreis. Wer keine Rinder besaß, konnte nicht heiraten. Um das Vermögen zu mehren, wurde Vieh gestohlen, von benachbarten schwächeren Stämmen oder später von den weißen Siedlern. Im Gegensatz zu dem gemeinen Dieb, der allgemein verachtet wurde, war der Viehdieb hoch angesehen. Um ein erfolgreicher Viehdieb zu sein, brauchte ein Mann das Geschick eines Jägers, den Mut eines Kriegers und die Gerissenheit eines herausragenden Strategen. Viehdiebstahl wurde nicht als Raub, sondern als Kriegszug angesehen, immer mit dem Risiko, getötet zu werden. Entsprechend ehrenhaft waren die Viehdiebe gegenüber Frauen und Kindern, denen auf keinen Fall ein Haar gekrümmt werden durfte und die sie als Witwen und Waisen sogar in ihre eigene Familie adoptierten.

Die weißen Siedler teilten diese Ansichten naturgemäß nicht, was zwischen 1779 und 1852 zu den nicht weniger als acht sogenannten Kaffernkriegen führte, in denen auch durchaus mehr Vieh zurückerobert wurde, als ursprünglich geraubt worden war. (Die Angestellten der VOC am Kap waren übrigens auch nicht zimperlich, wenn die Khoi ihnen kein Vieh verkaufen wollten).

Coetzee zieht eine Parallele zwischen dem alten Brauch des Viehdiebstahls zum verbreiteten *car-hijacking*. Ein Versuch, den kulturellen Hintergrund des Verbrechens zu verstehen. Coetzee schreibt: »Jeden Morgen ziehen unzählige junge schwarze Männer von den Townships in die Städte, um ihre Raubzüge durchzuführen. Die Beute dieser Streifzüge, die sie früher als Vieh oder erlegtes Wild in den Kral schleppten, sind heute Mobiltelefone, iPods, Brieftaschen, Fernseher, Stereoanlagen und Autos.«

All diese Erklärungen bieten natürlich keine Lösung, aber sie helfen zu verstehen, dass wir uns nicht in einem Land von überwiegend bösartigen, gewalttätigen Verbrechern befinden, vor denen wir uns am besten mit hohen Mauern, Stahlzäunen und Alarmanlagen schützen, und dass wir den Kontakt mit der armen und schwarzen und damit möglicherweise verbrecherischen Bevölkerung nicht meiden sollten.

Südafrikaner jeder Rasse sind überwiegend herzlich, freundlich und hilfsbereit, und wer mit ihnen in Kontakt kommt, wird überwältigt sein von dieser Erfahrung.

Was viel mehr hilft und schützt, ist eine offene, aufmerksame und freundliche Haltung den Menschen und dem Land gegenüber. Angst und Vorurteile abzulegen, gleichzeitig Vorsicht und gesunden Menschenverstand zu bewahren. Erwartungen wie Vorurteile in jede Richtung werden sich bestätigen. Deshalb wird vor allem die eigene Einstellung die Erfahrung in diesem Land beeinflussen und prägen. Wer das Beste erwartet und sich selbst von der besten Seite zeigt, wird das Beste zurückbekommen.

Wer Angst hat, an der nächsten Straßenkreuzung überfallen zu werden, sollte lieber zu Hause bleiben oder in

Schweden Urlaub machen. Auch wer das Schlimmste erwartet und hofft, dass es möglicherweise doch nicht so schlimm sei, ist woanders besser und sicherer aufgehoben.

Grundsätzlich gilt: Lieber voll rein, als sich hinter hohen Mauern zu verstecken. Wie das deutsche Mädchen, das bei einer Familie im Township lebte und dort in einer Grundschule ihr soziales Jahr absolvierte. Wer ein offenes, gutes und mutiges Herz hat, wird von Gott unterstützt und beschützt. Hier gelten die spirituellen Gesetze mehr als die von den Menschen gemachten. Schließlich sind wir in Afrika.

Literaturempfehlungen

**Unsere kleine, persönliche Leseliste –
über die im Text erwähnten Bücher hinaus**

Kgebetli Moele, »Room 207«. Gefeierter Roman, der von sechs jungen Männern erzählt, die sich in Johannesburg durchschlagen. Kwela.cc.za, 2008

Fred Khumalo, »Touch my Blood«. Mit viel Humor und sehr direkt beschreibt Khumalo seine Jugend in einem Durban Township während der 80er-Jahre. Khumalo ist ein angesehener Romanautor und Redakteur der *Sunday Times*. Umuzi (umuzi.co.za), 2006

Thando Mgqolozana, »A Man Who is Not a Man«. Packender autobiografischer Roman eines jungen Xhosa-Autors über seine missglückte Beschneidung. UKZN Press, 2009 (ukznpress.co.za)

Futhi Ntshingila, »Shameless«. Kurzer, schneller Debutroman einer jungen Autorin über ein Mädchen, das vom Land in die Stadt kommt und dort lieber ihren Körper als ihre Seele verkauft. UKZN Press, 2008

Sihle Khumalo, »Dark Continent – My Black Arse« und »Heart of Africa«. Reisen durch den gar nicht so dunklen Kontinent Afrika. Sehr lustig. Umuzi

Niq Mhlongo, »After Tears«. Zweiter Roman des gefeierten Jungautors, der von den komischen Verwicklungen eines Studenten erzählt, der ohne das Wissen der Familie sein Jurastudium aufgibt. Kwela, 2008 (kwela.co.za)

Ndumiso Ngcobo, »Some of my best friends are white«, »Is it coz I'm black?«. Der Autor schreibt mit respektlosem und liebevollem Blick – und vor allem mit viel Humor – über sein Land und dessen Bewohner. Twodogs, 2009 (twodogs.co.za)

Steve Otter, »Khayelitsha, uMlunggu in a Township«. Bericht eines jungen weißen Journalisten, der zwei Jahre im Kapstädter Township Khayelitsha lebte. Penguin, 2007

Alan Paton, »The Hero of Currie Road«. Kurzgeschichten des süafrikanischen Meisters der Kurzgeschichte. Umuzi, 2008

J. M. Coetzee, »Der Junge. Eine afrikanische Kindheit«. Autobiografische Erzählung einer Jugend während der Apartheid. S. Fischer, 1998

J. M. Coetzee, »Schande«. Der Klassiker unter den südafrikanischen Romanen, düster und brillant. S. Fischer, 2000

Rian Malan, »Mein Verräterherz«. Auch sehr düsteres, aber großartiges Buch des Autors und Musikers, der erst 20 Jahre später sein nächstes Werk veröffentlichte. Vintage, 1990. (Neues Buch: »Resident Alien«. Jonathan Ball, 2009)

Gayton McKenzie und Charles Cilliers, »The Choice, The Gayton McKenzie Story«. Lebensgeschichte eines ehemaligen Gangsters, dessen Enttarnung des korrupten Gefängnissystems einen Skandal auslöste. X-Concept Books, Cape Town 2007

Herman Charles Bosman, »Mafeking Road«. Kurze Geschichten des zu Recht beliebten und großartigen Meisters des Erzählens, von dem alles bedingungslos gelesen werden muss. Archipelago Books, 2008

Albrecht Hagemann, »Kleine Geschichte Südafrikas«. Besonders guter, knapper Einblick in Vergangenheit und Gegenwart Südafrikas. C. H. Beck, 2003

Empfehlenswerte Buchläden in Kapstadt:

The Book Lounge, Roeland Str. 71, Ecke Buitenkant Str. Unabhängiger, moderner Buchladen mit Café.

Clarke's Bookshop, Longstr. 211. Neue, gebrauchte und vergriffene Bücher.

Bereits erschienen:

Gebrauchsanweisung für...

01/0004/07/L